"我是小小集邮家"丛书

认识邮票中的军事故事

谢宇　主编

花山文艺出版社

河北·石家庄

图书在版编目（CIP）数据

认识邮票中的军事故事 / 谢宇主编. -- 石家庄：
花山文艺出版社，2013.4（2022.3重印）

（我是小小集邮家丛书）

ISBN 978-7-5511-1129-4

Ⅰ．①认… Ⅱ．①谢… Ⅲ．①邮票－中国－图集②军
事－青年读物 Ⅳ．①G894.1②E-49

中国版本图书馆CIP数据核字(2013)第128553号

丛 书 名：　"我是小小集邮家"丛书

书　　名：认识邮票中的军事故事

主　　编：谢　宇

责任编辑：冯　锦

封面设计：慧敏书装

美术编辑：胡彤亮

出版发行：花山文艺出版社（邮政编码：050061）
　　　　　　（河北省石家庄市友谊北大街 330号）

销售热线：0311-88643221

传　　真：0311-88643234

印　　刷：北京一鑫印务有限责任公司

经　　销：新华书店

开　　本：880×1230　1/16

印　　张：10

字　　数：160千字

版　　次：2013年7月第1版
　　　　　　2022年3月第2次印刷

书　　号：ISBN 978-7-5511-1129-4

定　　价：38.00元

"我是小小集邮家"丛书

分册书名

1.认识邮票中的建筑艺术

2.认识邮票中的军事故事

3.认识邮票中的体育竞技

4.认识邮票中的文学与生肖故事

5.认识邮票中的植物世界

6.认识邮票中的动物世界

7.认识邮票中的名胜古迹 (1、2)

8.认识邮票中的社会建设成就 (1、2)

9.认识邮票中的艺术世界 (1、2)

10.认识邮票中的民俗与节日 (1、2、3)

11.认识邮票中的古今人物 (1、2、3)

编委会

前　言

　　新中国的邮票从1949年开始发行，基本都以建筑、自然风光、动植物为图案，其种类主要有普通邮票、纪念邮票、特种邮票等。纪念邮票是从1949年10月8日开始发行，新中国的纪念邮票多以重大的政治事件、庆典和节日为内容，对一些革命人物、文化名人以及重要的国际活动也发行过纪念邮票；特种邮票的题材非常广泛，包括了经济、社会建设、文化艺术、珍禽异兽、奇花异草、山水风光等。

　　"我是小小集邮家"丛书收录了从中华人民共和国成立到2010年，新中国所发行的各类邮票品种，以全新的分类方式，全方位展现给广大读者朋友，并依照邮票的志号（及时间先后）顺序，系统介绍了从1949年到2010年我国发行的每套邮票的时代背景、每一枚邮票的图案内容及主题和所涉及的相关知识、对邮票图案艺术设计特点的研究和鉴赏等。内容分为：风景名胜类、建筑类、人物类、动物类、植物类、艺术类、文学类、体育类、军事类等。全书对各类邮票采用简短、浅显易懂的文字进行介绍，通过图文混排的形式把它们全方位、多角度地展现在读者面前，使读者更加深刻地了解中国邮票艺术的发展历程、时代特征及收藏价值。

　　丛书在邮票发行背景的介绍中，力求真实、客观，以历史的本来面目记述事件与人物的真相。同样，邮票图案的设计也不是随心所欲的，它要与立题密切配合，相互依衬、相互烘托。因此，丛书在邮票图案内容的介绍中，既突出主题，又兼顾相关，使介绍的对象生动、跃然。全书语言生动，文笔优美，图片清晰，具有较高的趣味性和较强的可读性，是广大集邮爱好者学习集邮、鉴赏邮票必读的普及性读物。

　　本丛书在编写过程中，得到了国内许多集邮爱好者的关心和支持（由于人员太多，请恕我们不能一一列举），特别是天津科技翻译出版公司各级领导和各位老师的悉心指导和帮助，在本丛书即将付印之际，特向相关人员表示诚挚的谢意。需要特别声明的是：本丛书只是丛书编委会人员就新中国邮票这一领域的首次大胆尝试，真心希望本丛书能够起到抛砖引玉的作用，希望在这一领域能够不断涌现出更多、更好、更能适合读者阅读的好图书。

　　另外，由于编写人员知识水平有限及编写时间仓促，尽管我们尽最大努力想把每一部分内容都能够做得更完美，但还是由于各方面的原因，仍有不尽如人意之处。在这里我们热诚希望广大读者朋友就书中的错谬之处大胆批评指正。读者交流邮箱：228424497@qq.com。

丛书编委会

2013年3月

目　录

保卫世界和平（第一组）

发行日期：1950.8.1

（纪5）

3-1	（31）	和平鸽	400圆①	150万枚
3-2	（32）	和平鸽	800圆	350万枚
3-3	（33）	和平鸽	2000圆	70万枚

注：①本书中新中国成立初期邮票的面额均为旧币制，10000圆相当于1元。

东北贴用（东北币）

3-1	（34）和平鸽	2500圆	50万枚
3-2	（35）和平鸽	5000圆	80万枚
3-3	（36）和平鸽	20000圆	50万枚

邮票规格：26 mm × 36.5 mm

齿孔度数：14度

整张枚数：50枚

版　　别：雕刻版

设计者：孙传哲

雕刻者：武志章

印刷厂：北京中国人民印刷厂（原版）、北京人民印刷厂（再版）

全套面值：3200圆、27500圆（东北贴用）

知识百花园

战争，给人类带来的灾难是深重的。世界上的两次全球性大战，人们记忆犹新。但第二次世界大战后，新的战争危险依然存在。正是在这种形势下，世界保卫和平大会应运而生。

它是在1949年2月，由世界文化工作者国际联络委员会、国际民主妇女联合会及17个国家的75位著名人士联合发起的。

大会宗旨是团结要求裁减军备，争取国际安全、民族独立，禁止原子武器和缓和国际紧张局势的人，共同保卫世界和平。

第一届大会于1949年4月，在巴黎和布拉格两地同时举行，出席大会的有来自72个国家的2200名代表。

大会于1949年4月25日在巴黎—布拉格通过"世界保卫和平大会宣言"，推动全世界人民为反对战争保卫和平而斗争。

第一届大会设立了常设委员会。委员会于1950年3月在斯德哥尔摩举行会议，发表了有名的关于禁止使用原子武器的《斯德哥尔摩宣言》。

为祝贺对维护世界和平发挥重大作用的首届世界和平大会的胜利召开，中国邮电部特发行了这套《保卫世界和平》（第一组）纪念邮票。1995年1月10日再版。全套3枚邮票，主图均为橄榄叶环绕的鸽子。

用鸽子和橄榄枝象征和平，来源于《圣经·创世纪》中的一段传说：地球曾被洪水淹没，因为留在方舟里面而幸免于难的诺亚放出鸽子去探测洪水的情况。鸽子回来时，嘴里衔着一片新绿的橄榄叶，诺亚由此获知远处的水已经退了，于是返回了陆地。后来，人们就用这种给人带来希望的鸽子和橄榄叶寓意和平。

邮票画面上的鸽子，是著名艺术大师毕加索的作品。

毕加索（1881～1973）生于西班牙的马拉加一个图画教师的家庭，自幼爱好绘画。9岁时来到巴黎后便一直在那里定居。青年时代曾在巴塞罗那和马德里的美术学院学习绘画。他一生中画了数以万计的作品，题材之广泛，形式之多样，是世界画家中少见的。1950年前后，他发表了多幅《和平鸽》，声援保卫世界和平的运动。

邮票画面上的鸽子，就是他献给1949年召开的第一次世界和平大会的珍贵礼物。这只石版画和平鸽成为全世界公认的和平的象征，毕加索也由此荣获1950年度的国际和平奖。

鸽

保卫世界和平（第二组）

发行日期：1951.8.15

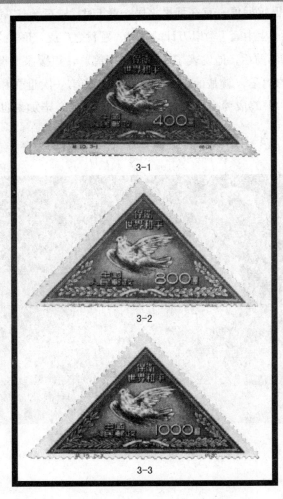

3-1

3-2

3-3

（纪10）

3-1 （60）和平鸽	400圆	180万枚
3-2 （61）和平鸽	800圆	450万枚
3-3 （62）和平鸽	1000圆	165万枚

邮票规格：（三角形）腰长37 mm，底边长52 mm

齿孔度数：12.5度、14度（再版）

整张枚数：60枚

版　别：雕刻版

设计者：孙传哲

雕刻者：华维寿、达世银

印刷厂：上海人民印刷厂（原版）、上海大业印刷公司（再版）

全套面值：2200圆

知识百花园

1950年11月16日至22日，第二届世界保卫和平大会在波兰首都华沙举行。出席大会的有81个国家的2065名代表。大会通过了《告全世界人民的宣言》《致联合国书》等10项文件，要求裁减军备，停止朝鲜战争，禁止原子武器，并设立"世界和平理事会"，进行经常活动。

理事会的宗旨在于保卫世界和平。实现这一目的的主要原则是：世界上不同制度可以和平共处；解决各国间的争端应该通过协商和大家都可能接受的协议来实现；遵照民族自决权利，解决一个国家的内部事务是这个国家公民自己的事。

为祝贺这次大会的召开，表达中国人民对和平的渴望，以及对美帝国主义侵略朝鲜罪恶行径的愤慨，邮电部发行了这套《保卫世界和平》（第二组）纪念邮票。票形为三角形，画面为毕加索所画的和平鸽，图案下部的两角均有象征和平的橄榄叶。并于1955年1月10日再版。

和平解放西藏

发行日期：1952.3.15

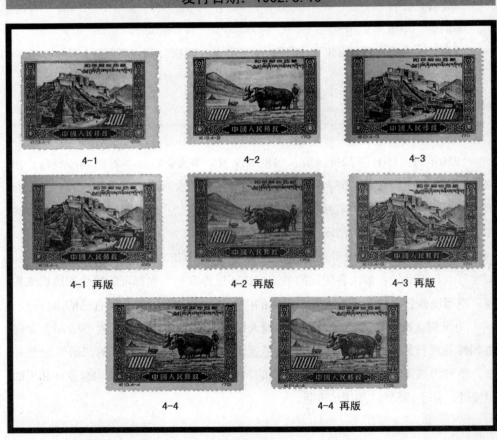

4-1　　　　　　　　4-2　　　　　　　　4-3

4-1 再版　　　　　4-2 再版　　　　　4-3 再版

4-4　　　　　　　　4-4 再版

（纪13）

4-1 （69）拉萨布达拉宫　　　　400圆　　　　200万枚

4-2 （70）西藏农民耕地　　　　800圆　　　　300万枚

4-3 （71）拉萨布达拉宫　　　　800圆　　　　300万枚

4-4 （72）西藏农民耕地　　　　1000圆　　　　200万枚

邮票规格：38 mm×25 mm

齿孔度数：12.5度、14度（再版）

整张枚数：50枚

版　别：雕刻版

设计者：孙传哲

雕刻者：鞠文俊、包弟岳、周永麟、达世银

印刷厂：上海人民印刷厂（原版）、上海大业印刷公司（再版）

全套面值：3000圆

知识百花园

　　为祝贺和平解放西藏，邮电部发行了这套纪念邮票。共4枚两种图案。并于1955年1月10日再版。

　　1949年10月1日，中华人民共和国宣告成立。在中国人民革命胜利的鼓舞和中央人民政府民族政策的感召下，西藏和其他地区的藏族爱国同胞迫切要求中央人民政府解放西藏，并为和平解放西藏奔走呼吁。中央人民政府成立的当天，移居在中国内地的班禅额尔德尼·确吉坚赞致电毛主席、朱总司令，希望早日解放西藏。1950年1月13日，留居青海的班禅堪布会议厅致电毛主席、朱总司令，再次要求中国人民解放军解放西藏。为了满足藏族爱国同胞的要求，为了完成中华人民共和国领土和主权完整，把帝国主义势力逐出西藏，巩固边疆，保卫国防，中央人民政府做出决定，命令人民解放军进军西藏。1950年3月3日，人民解放军第二野战军遵照中共中央、中央军委命令，开始进军西藏。同时，中央人民政府多次通知西藏地方政府派代表来北京同中央人民政府商讨关于和平解放西藏的事宜。但是，由于西藏上层反动分子和帝国主义的阻挠，原西藏地方政府不仅迟迟不派代表来北京谈判，相反在昌都地区部署藏军主力，妄图以军事力量抗拒人民解放军进军西藏。同年10

月，人民解放军第二野战军奉命组织了解放昌都的战役，一举攻占昌都，歼灭藏军主力5700多人。这次战役沉重地打击了西藏的反动势力，促使西藏上层统治集团迅速分化。1950年11月13日，留居青海的班禅堪布会议厅致电中央人民政府主席毛泽东、朱德总司令，再次要求人民解放军解放西藏，反对西藏上层分子勾结英国、美国出卖西藏的举动。在藏族人民的强烈要求下，根据西藏地区的实际情况，西南军政委员会和西南军区司令部，于11月21日，奉命宣布和平解放西藏的政策。在中央人民政府民族团结政策的感召和藏族爱国同胞的强烈要求下，西藏地方政府在达赖喇嘛亲政后，开始改正西藏地方政府过去的错误政策，接受中央人民政府关于派代表和平谈判的通知。西藏地方政府特派全权代表阿沛·阿旺晋美、凯墨·索安旺堆、土丹旦达、土登列门、桑颇·登增顿珠5人代表团，以阿沛·阿旺晋美为首席代表，于1951年4月22日抵达北京。中央人民政府特派全权代表李维汉、张经武、张国华、孙志远4人代表团，李维汉为首席代表。双方代表遵照平等、友好、团结的精神，经过20多天的协商谈判，圆满地达成了《中央人民政府和西藏地方政府关于和平解放西藏办法的协议》。5月23日，双方代表在北京勤政殿举行了协议签字仪式。该仪式由中央人民政府副主席朱德、李济深和中央人民政府政务院副总理陈云主持。参加签字仪式的还有董必武、郭沫若、黄炎培等军、政首长和各民主党派负责人。签字后，双方首席代表李维汉和阿沛·阿旺晋美先后致辞，然后由朱德副主席讲话祝贺，签字仪式在庄严、团结的气氛中宣告结束。《中央人民政府和西藏地方政府关于和平解放西藏办法的协议》的签字，宣告西藏和平解放。

邮票解析

图4-1【拉萨布达拉宫】画面为朱红色。主图为巍峨壮观的布达拉宫。

图4-2【西藏农民耕地】画面为蓝绿色。主图为西藏农民正在驱使牦牛耕地。

图4-3【拉萨布达拉宫】画面为紫红色。图案与第一图相同。

图4-4【西藏农民耕地】画面为紫色。图案与第二图相同。

太平天国金田起义百年纪念

发行日期：1952.12.15

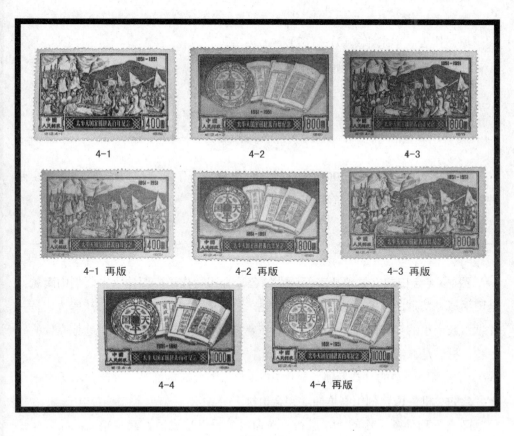

4-1

4-2

4-3

4-1 再版

4-2 再版

4-3 再版

4-4

4-4 再版

（纪12）

认识邮票中的军事故事

4-1	（65）金田起义	400圆	150万枚
4-2	（66）太平天国文献和钱币	800圆	250万枚
4-3	（67）金田起义	800圆	250万枚
4-4	（68）太平天国文献和钱币	1000圆	100万枚

邮票规格：45.5 mm×28 mm

齿孔度数：14度

整张枚数：50枚

版　别：雕刻版

设计者：孙传哲

雕刻者：华维寿

原画作者：李宗津（65）（67）

印刷厂：上海大业印刷公司（原版、再版）

全套面值：3000圆

知识百花园

在太平天国金田起义100周年之际，邮电部发行了这套纪念邮票。共4枚，两种图案，并于1995年1月10日再版。

邮票解析

图4-1【金田起义】邮票画面为草绿色。金田村位于广西桂平市紫荆山南麓、金田平原和紫荆山区的中心。由金田村往东到大湟江口，往南直达黔江岸边，是一片纵横数十里的平畴沃野，往西便是群峰叠嶂的紫荆山区。村边有一地势高耸的犀牛岭，村前是波浪翻滚的蔡村江。

由于拜上帝会的日益发展，村中100多户人家大都参加了，因此，洪秀全把拜上帝会的总机关由紫荆山高坑冲迁到金田村。

随着各项准备工作的加紧进行。革命时机已日趋成熟，武装起义已如箭在弦上。于是在1850年7月，洪秀全向各地会众发出了向金田村集中"团营"的命令，从而揭开了拜上帝会武装斗争的序幕。团营令通过一人传一人、一家传一家、一村传一村的方式，先后传送到各地。广大会众纷纷响应，从四面八方向金田村汇合，他们手执大刀，肩扛长矛，成群结队，浩浩荡荡，汇成一股不可抗拒的革命洪流。

1851年1月11日，紫荆山前数十里平川上，旌旗蔽天，欢声动地。

金田村边的犀牛岭古营盘上空，一面杏黄大旗冉冉升起，迎风飘扬，洪秀全率领两万多饥寒交迫的贫苦农民，在这里举起刀枪，高喊杀妖，向清朝反动统治者公开宣战。

邮票画面即描绘了这一庄严时刻，洪秀全在万众欢呼声中，登上古营盘中央高高的指挥台，正式宣布起义，为实现"天下一家，共享太平"的政治理想而英勇战斗。

图4-2【太平天国文献和钱币】画面为橘黄色。上面所列的3部文献，一为1852年刊刻的《太平军目》，是记述太平军的军事编制及所用旗帜式样的书籍。其二是1854年洪秀全定都天京后颁布的《天朝田亩制度》，其主要内容为彻底废除封建土地所有制，提出土地要按每家人口平均分配的制度。其三是1859年刊刻颁行的《资政新篇》一书，这是洪秀全的堂兄弟洪仁玕根据他的所见所闻，向天王条陈的比较长远的治国立政方策。

邮票画面还有一枚太平天国铸造发行的钱币，此枚钱币正面镌刻"太平天国"四字，背面刻着"圣宝"二字。另外还有"太平通宝""太平圣宝"等多种式样。

图4-3【金田起义】邮票画面为红色。图案与第一图相同。

图4-4【太平天国文献和钱币】邮票画面为蓝色。图案与第三图相同。

抗日战争十五周年纪念

发行日期：1952.7.7

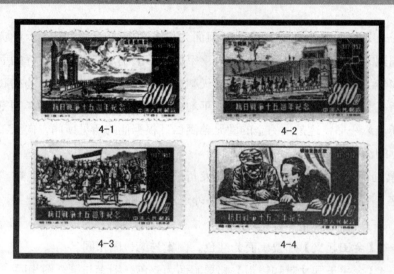

4-1

4-2

4-3

4-4

（纪16）

4-1	（78）卢沟桥风云	800圆	800万枚
4-2	（79）平型关胜利	800圆	800万枚
4-3	（80）欢送新四军抗日	800圆	800万枚
4-4	（81）领袖策划反攻	800圆	1600万枚

邮票规格：37 mm × 21 mm

齿孔度数：14度

整张枚数：90枚

版　别：胶版

设计者：孙传哲

印刷厂：北京人民印刷厂营业分厂

全套面值：3200圆

1952年7月7日，正值七·七事变十五周年，邮电部发行了这套纪念邮票。以4幅画面，再现了这场伟大民族解放战争的光辉历史篇章。图案右侧，均绘有卢沟桥附近地理位置及交通略图，包括北京市及永定河的位置，还有京山、京汉、京包、京古等铁路线，使画面更富有历史感。

图4-1【卢沟桥风云】卢沟桥修建于金大定二十九年（1189），落成于金明昌三年（1192）。明正统九年（1444）重修。清康熙时毁于洪水，康熙三十七年（1698）重建。其建筑宏伟，全部用白石建成，桥下涵洞券门采用"插架法"筑成，异常坚固。桥长265米，由11个半圆形的五拱组成，最大的拱长21.6米，最小的16米。桥宽约8米，上下桥坡度很小，桥面几乎与河水面平行。桥墩呈船形，迎水面做分水尖，并置一根三角铁柱，称为"斩龙剑"，以其锐角分水破冰，保护桥墩。桥身两侧石雕护栏各有望柱140根，柱头上均雕有卧伏的大小石狮485个，栩栩如生，神态各异。特别是大狮身上的198个小狮，大的十多厘米，小的仅几厘米，真是惟妙惟肖，百态千姿。桥东尚有一对石狮，桥西有一对石象，雕刻精细，造型雄奇，抵住大桥两端，使桥体"固若金汤"。桥畔还有石碑两座，一座为记述康熙三十七年重建此桥经过；另一座乃根据清乾隆书写而凿刻金代章宗所题的"卢沟晓月"。邮票画面即展示了大桥与此碑的容貌。

图4-2【平型关胜利】1937年9月，侵入晋西北的日寇，继续向平型关、雁门关一线进攻，企图夺取太原。9月23日，八路军115师用一个团和骑兵营向灵丘、涞源、广灵之间佯动，以吸引和牵制敌人。24日夜间，八路军用3个团的兵力冒雨设伏在平型关东向出路两侧。次日黎明，日寇板垣师团第21旅团的4000多人，从灵丘方向扑来，进入伏击圈。我军立即发起猛攻，经过一天的激战，歼敌1000多人，击

毁汽车100多辆，缴获大量枪支弹药和军用物资，威震中外。

这是自抗战以来的第一个大胜利，它打破了日本侵略者不可战胜的神话，打乱了日寇的进军部署，极大地鼓舞起中华民族的斗志，树立起抗战必胜的信心。邮票画面即描绘了胜利后的八路军轻骑入关的情景。

图4-3【欢送新四军抗日】1937年10月，根据国共谈判的协议，把红军长征后留在南方的江西、福建、广东、湖南、湖北、河南、浙江、安徽等8省的游击队，改编为国民革命军陆军新编第四军，简称新四军。叶挺任军长，项英任副军长，张云逸任参谋长，周子昆任副参谋长，袁国平任政治部主任，邓子恢任副主任。为加强党的领导，党中央决定成立中共中央东南分局和中共中央军委新四军分会，项英为分局书记兼军分会书记，陈毅为军分会副书记。新四军建立后，下辖四个支队，约10300人。第一支队司令陈毅、副司令傅秋涛；第二支队司令张鼎丞、副司令粟裕；第三支队司令张云逸、副司令谭震林；第四支队司令高敬亭。第一、二支队挺进苏南，建立了以茅山为中心的抗日根据地；第三支队开辟皖南抗日根据地；第四支队进军皖中，建立了以藕塘为中心的江北根据地。新四军的成立和发展，开辟了华中敌后战场，打开了华中敌后抗战新局面。

邮票画面即描绘了人民群众夹道欢送新四军向华中敌后挺进时的情景，新四军整装荷枪，高唱"东进，东进，我们是铁的新四军"的战歌，迈步向前。群众高举"欢送新四军东征抗日"的横幅，高呼口号，拿着慰劳品热情欢送子弟兵上前线。

图4-4【领袖策划反攻】邮票画面即依据吴印咸所摄照片进行设计。描绘了毛泽东和朱德在一起研究反攻时的情景。在中共中央的部署下，我军主力部队立即向日伪军占领的主要城市和交通要道发起进攻；地方武装和民兵开展军事和政治攻势，配合主力外线作战。各路反攻大军迅即出动，向日伪占领区挺进。在东北、华北、华东、华中及华南等各路反攻战场上，取得了重大胜利。在8月11日到10月10日的两个月中，经过激烈战斗，毙伤俘日伪军23万余人，收复城市197座和国土31.5万多平方千米，解放人口1800余万，终于取得了抗日战争的最后胜利。

中国人民解放军建军二十五周年

发行日期：1952.8.1

4-1

4-2

4-3

4-4

（纪17）

认识邮票中的军事故事

4-1 （82）中国人民解放军　　　800圆　　　　1600万枚

4-2 （83）陆军　　　　　　　　800圆　　　　800万枚

4-3 （84）海军　　　　　　　　800圆　　　　800万枚

4-4 （85）空军　　　　　　　　800圆　　　　800万枚

邮票规格：（1图）25 mm×42.5 mm；（2、3、4图）33 mm×22 mm

齿孔度数：12.5度

整张枚数：（1图）84枚；（2、3、4图）108枚

版　别：雕刻版

设计者：孙传哲

雕刻者：周永麟、华维寿

印刷厂：上海人民印刷厂

全套面值：3200圆

知识百花园

　　八一南昌起义是中国共产党领导的革命武装向国民党反动派打响的第一枪，是中国人民自己的武装力量的诞生日。因此，在1933年7月11日由中华苏维埃共和国中央政府做出决议，以8月1日为中国人民军队的建军节。为了纪念这个节日，邮电部发行了这套邮票，这是新中国诞生后，第一次为纪念八一建军节发行的邮票。4幅图案，展示了中国人民解放军陆、海、空三军战士的雄姿。

邮票解析

　　图4-1【中国人民解放军】邮票画面以飞机、大炮和军舰为背景，描绘了陆、海、空三军战士昂首挺胸、并肩而立的英姿，展示了中国人民解放军陆海空军联合力量。

　　这枚邮票，是在其他三枚邮票设计图稿完成后，由中央军委提议增加发行的，票幅也比其他较大些，从总体上再现了中国武装部队的面貌。

　　图4-2【陆军】陆军是指陆地作战的军队。中国古代作战的士兵，绝大部分是陆军。现代陆军通常由步兵、炮兵、装甲兵、工程兵、铁道兵和各专业部队组成，

它既能单独作战，又能同海军、空军协同行动。陆军是战争中彻底歼灭敌人，决定最后胜负的主要军种。中国人民解放军在新中国成立前，便以陆军为主，用"小米加步枪"，打败了国内外反动派，为新中国的诞生，立下了伟绩丰功。

邮票画面以坦克、大炮为背景，描绘了头戴钢盔、肩挎冲锋枪的陆军战士威武形象，展示了新中国陆军部队的阵容。

图4-3【海军】海军是指海上作战的军队。中国历史上交战双方的水军，便可视作海军的雏形。现代海军通常由水面舰艇、潜艇、海军航空兵、海军岸防兵、海军陆战队等兵种和各专业部队组成，具有水面、水中、空中作战的能力。它既能单独在海上作战，又能和陆军、空军协同行动。中国人民解放军海军于1949年在陆军基础上建立，毛泽东曾为之题词："我们一定要建设一支海军，这支海军要能保卫我们的海防，有效地防御帝国主义的可能的侵略。"

邮票画面即以巡航舰队为背景，描绘了威严矗立于海疆的海军战士英俊形象，展示了新中国海军部队的阵容。

图4-4【空军】空军是指空中作战的军队。通常由各种航空兵部队和空军地面部队组成。它具有空中突击能力、远程作战能力和高速机动能力，是进行空中斗争和从空中对敌地面目标实施突击的主要力量，也是进行对空斗争的重要力量。空军既能单独作战，也能和陆军、海军协同行动。中国人民解放军空军是1949年在陆军基础上建立的，且发展很快，出色地捍卫着祖国的领空。

邮票画面即以翱翔在蓝天的机群为背景，描绘了整装待发的空军飞行员的果敢形象，展示了新中国空军部队的阵容。

中国人民志愿军出国作战 二周年纪念

发行日期：1952.11.15

（纪19）

4-1 （90）志愿军出国作战	800圆	1600万枚
4-2 （91）支援前线	800圆	800万枚
4-3 （92）涉江追击敌人	800圆	800万枚
4-4 （93）胜利会师	800圆	800万枚

邮票规格：38 mm×22 mm

齿孔度数：14度

整张枚数：104枚

版　　别：雕刻版

设计者：孙传哲

雕刻者：华维寿、翟英、鞠文俊、周永麟

摄　　影：张崇岫（3、4图）

印刷厂：上海大业印刷公司

全套面值：3200圆

知识百花园

抗美援朝战争是中国人民支援朝鲜人民抗击美国侵略的战争。

在中国人民志愿军出国作战两周年之际，邮电部发行了这套纪念邮票。以4幅画面，描述了这一英雄壮举的概况。

邮票解析

图4-1【志愿军出国作战】1950年10月19日，由中华民族优秀儿女组成的中国人民志愿军，"雄赳赳，气昂昂，跨过鸭绿江！"，同朝鲜人民军并肩作战，抗击美国的疯狂侵略。家乡父老，纷纷赶来送行。

邮票画面即描绘了这一激动人心的场面。千里迢迢，寒风猎猎，但战士们却义无反顾，毅然前行，亲人们在为自己的好儿女祝福，祝愿他们"齐心团结紧……打败美国野心狼！"早日返回自己可爱的故乡。

图4-2【支援前线】志愿军赴朝作战之后，国内立即掀起轰轰烈烈的支前运动。各级党组织在党中央"边打、边稳、边建"方针指导下，在群众中广泛深入地开展了爱国主义和国际主义思想教育，全国掀起了捐献飞机大炮和慰问志愿军及其家属的热潮，并努力增加生产，厉行节约，全国人民献出的物资总额，相当于3700多架战斗机的价值，有力地支援了朝鲜前线。

邮票画面即描绘了全国人民支前的热闹场面。通过这种全民支持前线运动，极大地调动了广大人民群众的积极性，激发起人们的干劲和劳动热情，推动了国内各项社会改革和经济恢复工作。

图4-3【涉江追击敌人】志愿军渡江之后，于1950年10月25日即打响了第一仗，对侵犯到鸭绿江边的敌军，予以歼灭性的打击。苦战12昼夜，把敌人驱逐到清川江以南。这一胜利，打击了敌人的嚣张气焰。紧接着，又经过一个月的苦战，歼敌3.6万多人，收复了平壤，使敌人对中国人民志愿军不得不刮目相看。

1950年除夕，中朝部队在取得这两次战役胜利之后，又发动了强大的新年攻势，突破了敌人在"三八线"上设置的3道防线，歼敌1.9万多人，于1951年1月4日解放了汉城。当天晚上，便冒着敌人的炮火，涉过冰冷刺骨的江水，渡过汉江，追击敌人，和朝鲜人民军一道，收复了"三八线"以北的全部城市和领土。

邮票画面即描绘了志愿军战士奋勇追击敌人的战斗场面，在硝烟弥漫中，展现了大无畏的英雄群像。

图4-4【胜利会师】在朝鲜战场上，中国人民志愿军和朝鲜人民军以兄弟情谊，同仇敌忾，协同作战，共同面对凶恶的敌人。1950年末，西线的中国人民志愿军大举反攻，击溃了美、李匪军的攻势，一举夺回平壤。而东线的朝鲜人民军在志愿军的配合下，肃清长津湖到元山一线的敌人，历时20多个昼夜，将敌人赶下了大海。

邮票画面即描绘了这次战役胜利之后，中、朝部队在东海岸胜利会师的动人场面，充分表达了中朝两国唇齿相依的同胞之情，洋溢着必胜的信念和战斗后的喜悦。

保卫世界和平（第三组）

发行日期：1953.7.25

3-1

3-2

3-3

（纪24）

3-1	（104）	和平鸽	250圆	300万枚
3-2	（105）	和平鸽	400圆	300万枚
3-3	（106）	和平鸽	800圆	900万枚

邮票规格：33 mm × 22 mm

齿孔度数：14度

整张枚数：96枚

版　　别：雕刻版

设计者：夏中汉

雕刻者：吴锦棠、贾志谦

印刷厂：北京人民印刷厂营业分厂

全套面值：1450圆

知识百花园

　　1952年12月12日至20日，世界人民和平大会在奥地利首都维也纳举行，这次大会是由1952年7月举行的世界和平理事会柏林特别会议决定召开的。出席大会的有85个国家的正式代表、观察员和来宾等1904人。大会主要讨论了民族独立和国际安全问题：停止一切现有战争，特别是朝鲜战争问题；缓和国际紧张局势问题，并分别做出有关的决议。

　　为了表达中国政府和人民维护世界和平的愿望，邮电部再次发行《保卫世界和平》（第三组）纪念邮票。3幅画面，图案相同，均为毕加索为和平事业而精心绘成的鸽子。

鸽

伟大的十月革命
三十五周年纪念

发行日期：1953.10.5

4-1

4-2

4-3

4-4

（纪20）

认识邮票中的军事故事

4-1	（94）中苏友好	800圆	600万枚
4-2	（95）十月革命历史	800圆	600万枚
4-3	（96）共产主义建设	800圆	500万枚
4-4	（97）斯大林和平政策	800圆	700万枚

邮票规格： （1、2图）42 mm×24 mm； （3、4图）24 mm×42 mm

齿孔度数：14度

整张枚数：84枚

版　别：雕刻版

设计者：孙传哲

雕刻者：刘国桐

印刷厂：北京人民印刷厂营业分厂

全套面值：3200圆

知识百花园

1917年爆发的俄国十月革命是俄国工人阶级在布尔什维克党领导下联合贫农所完成的伟大的社会主义革命。

这次革命在人类历史上第一次推翻剥削阶级的统治，建立了苏维埃社会主义国家，开辟了人类历史的新纪元。

这次革命发生在1917年11月7日，按俄历为10月25日，因此称之为"十月革命"。

十月革命的成功，使马克思主义的理想第一次变成活生生的现实，其深刻影响远远超出俄国的国界。

在十月革命35周年之际，邮电部发行了这套纪念邮票。

这套邮票曾定于1953年2月14日发行，名称为"伟大的苏联十月革命三十五周年纪念"，但"苏联"1922年才成立，十月革命时的1917年尚无"苏联"，因此停发。4月23日重印，名称删去了"苏联"二字，10月5日发行。

图4-1【中苏友好】图案采用苏联著名画家阿·吉利洛夫创作的名画《我们伟大胜利的旗帜—斯大林和毛泽东》进行设计。

画面以莫斯科街头为背景，描绘了苏中两国领导人斯大林和毛泽东亲切交谈的情景。

图4-2【十月革命历史】图案采用苏联著名画家维·谢洛夫创作的历史画《政权属于苏维埃—和平属于人民》进行设计。

画面以彼得格勒的斯莫尔尼宫内部为背景，描绘了列宁在全俄第二次苏维埃代表大会上演讲的情景。

图4-3【共产主义建设】图案采用苏联摄影师巴尔切曼泽拍摄的斯大林塑像照片进行设计。该塑像矗立在列宁运河入口处，由苏联著名雕塑家乌捷齐奇进行创作。

图4-4【斯大林和平政策】图案采用苏联著名画家格·别列卓夫斯基和伊·沙根创作的招贴画《斯大林演说》进行设计。

邮票画面即以斯大林的名言"我们拥护和平，并坚守和平的事业"为题，揭示了《和平法令》的主题，代表了全世界劳动人民的心声，再现了伟大十月革命对于人类的巨大意义。

斯大林像

斯大林像

斯大林像

中国工农红军胜利完成
二万五千里长征二十周年

发行日期：1955.12.30

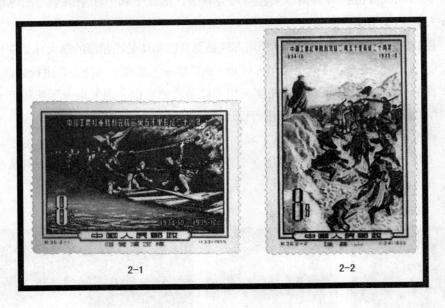

（纪36）

2-1 （133）强夺泸定桥　　8分　　600万枚

2-2 （134）过雪山　　　　8分　　600万枚

邮票规格：（1图）40.5 mm×29 mm；（2图）28 mm×46 mm

齿孔度数：14度

整张枚数：（1图）70枚；（2图）60枚

版　别：雕刻版

设计者：孙传哲

雕刻者：孔绍惠

印刷厂：北京人民印刷厂营业分厂

全套面值：0.16元

为纪念中国工农红军长征胜利20周年，邮电部发行了这套邮票。以2幅典型画面展示了红军长征的伟大、悲壮和艰苦。

邮票解析

图2-1【强夺泸定桥】邮票画面依据我国画家李宗津创作的油画《强夺泸定桥》进行设计。

1935年5月，红军巧渡金沙江后，来到了大渡河南岸。大渡河古称沫水，是岷江最大支流，在四川省西部，长909千米，流域面积8.27万平方千米，沿途水深流急，多险滩峡谷。蒋介石面对飞驰而去的红军，一面派兵急追，一面向大渡河增兵，妄图凭借天险，把红军歼灭在大渡河畔。红军抢在敌人新的部署尚未就绪之前，不顾疲劳，于5月23日突袭安顺场渡口成功，歼敌1个营，夺得小船1只，随即组织强渡。5月25日，红一军团一师一团17名勇士，在二连连长熊上林带领下，冒着敌人的枪林弹雨，奋勇渡过大渡河，击溃守敌一个营，占领了北岸渡口。但情况紧急，全军仅靠1只小船渡河，时间不允许，架设浮桥，也已来不及。为粉碎敌人南北夹击的企图，红军决定以第二师去抢夺上游的泸定桥。

泸定桥是四川腹地通向康藏高原的咽喉要道。于清康熙四十五年（1706）建成，为13根粗铁索组成的悬桥，长101.67米，宽2.67米。桥面9根铁索，铺木板通行，两侧各有2根铁索做扶栏。每根铁索用约1000个铁环连成。东西两岸各有高出河面约20米的桥台，上有康熙所书"泸定桥"匾额。由于桥身摇曳空中，人行其上，俯视惊涛，心悸目眩，自古便有"绳桥惊险"之叹。红军第一师主力继续渡河，并沿北岸东进，配合第二师在南岸向泸定桥运动。两路冒雨疾进，翻山越岭，隔河相望，互相鼓励，并冲破敌人据险扼守的数道隘口，终于在29日凌晨，第二师到达泸定桥西头，并趁敌人还没有来得及彻底破坏大桥以前，立即组成由22名勇士参加的突击队，在部队的掩护下，攀上铁索，强行过桥，

邮票画面即展示了这一悲壮时刻。在整个夺桥激战中，打垮守桥敌军2个旅，而我军只伤亡3人，一举夺得泸定桥，为红军开辟了胜利的道路。

图2-2【过雪山】邮票画面依据我国画家黄丕星创作的玻璃版雕刻画《过雪山》（原名《长征》）进行设计。

1935年6月，红军飞夺泸定桥，强渡大渡河之后，即进入四川省西部的康定、石棉、九龙、泸定和雅江县之间的大雪山，它南北长约200千米，东西宽约100千米，呈南北走向，是大渡河和雅砻江的分水岭。大雪山作为横断山脉的一部分，海拔一般在4500~5000米之间，山顶终年白雪皑皑，寒风刺骨，空气稀薄，并沿山谷密布着大量放射状冰川，环境恶劣，条件艰苦。

邮票画面即描绘了这种艰难跋涉的情景，红军战士的身影正顽强地闪动在冰天雪地之中。"红军不怕远征难，万水千山只等闲。五岭逶迤腾细浪，乌蒙磅礴走泥丸。金沙水拍云崖暖，大渡桥横铁索寒。更喜岷山千里雪，三军过后尽开颜。"毛泽东的诗句和他在邮票画面上挥舞巨手指挥红军战士翻越雪山的形象，表现了革命领袖的博大胸怀和革命到底的决心与信念。

泸定桥

泸定桥

中国人民解放军建军卅周年

发行日期：1957.8.10

4-1

4-2

4-3

4-4

（纪41）

认识邮票中的军事故事

29

4-1 （147）南昌起义　　　4分　　600万枚

4-2 （148）井冈山会师　　　4分　　600万枚

4-3 （149）八路军东渡黄河　8分　　800万枚

4-4 （150）解放南京　　　　8分　　800万枚

邮票规格：44 mm × 30 mm

齿孔度数：14度

整张枚数：63枚

版　别：雕刻版

设计者：孙传哲

雕刻者：吴彭越、唐霖坤、鞠文俊、周永麟

印刷厂：中国近代印刷公司

全套面值：0.24元

知识百花园

在中国人民解放军建军30周年之际，邮电部发行了这套纪念邮票。

全套邮票以油画原画为依据进行设计。选取了土地革命战争时期、抗日战争时期和解放战争时期的4幅典型历史画面，概括地描述了中国人民解放军的成立发展、成长壮大的过程。

邮票解析

图4-1【南昌起义】邮票画面依据莫朴创作的历史油画《南昌起义》进行设计。南昌起义打响了武装反抗国民党反动派的第一枪，在全党全国人民面前树起了武装斗争的旗帜，使中国人民在黑暗的日子里看到了胜利的曙光。8月1日也由此成为中国人民解放军的建军节。

邮票画面描绘了起义部队进行誓师动员的场面。画面上，中间站立振臂高呼者是周恩来，右边坐着朱德，后边站着贺龙，左边用手撑着桌子者是叶挺，最右边戴眼镜的是刘伯承，他们都是南昌起义的组织者和领导者，整个画面，起义大旗凌空漫卷，起义将士振臂高呼，群情激昂，英雄豪壮。

图4-2【井冈山会师】邮票画面依据王式廓创作的历史油画《井冈山会师》进行设计。邮票画面描绘了毛泽东与朱德在井冈山会师的一幕。

图4-3【八路军东渡黄河】邮票画面依据彦涵创作的历史油画《八路军东渡黄河》进行设计。

邮票画面描绘了八路军在中华民族危亡之际，毅然东渡黄河，开赴抗日疆场的情景。

图4-4【解放南京】邮票画面依据杨建侯创作的历史油画《解放南京》进行设计。

井冈山

邮票画面描绘了南京市民在大道上热烈欢迎人民解放军进城的场面。隆隆驶来的坦克表现出解放军势不可当的力量，而旧总统府前，迎风招展即将插上顶端的红旗和散开的云雾，则象征着祖国的光明和远大的前途。

井 冈 山

井冈山风光

伟大的十月社会主义革命四十周年

发行日期：1957.11.7

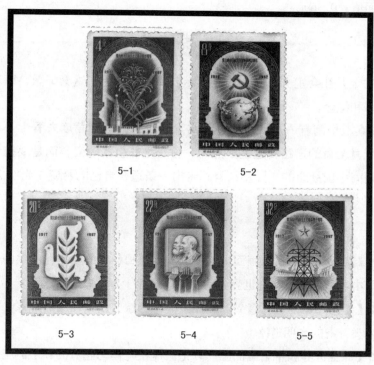

5-1   5-2

5-3   5-4   5-5

（纪44）

5-5 （159）共产主义远景　　　32分　　　500万枚

邮票规格：23 mm×32 mm

齿孔度数：14度

整张枚数：108枚

版　别：雕刻版

设计者：张仃、张光宇、钟灵、邱陵

雕刻者：鞠文俊、宋广增、高振宇、孔绍惠

印刷厂：中国近代印刷公司

全套面值：0.86元

知识百花园

伟大的十月社会主义革命40周年之际，邮电部发行了这套邮票，以对这场革命进行缅怀和纪念。

5幅图案上均画有一个城门洞，其寓意是：从中国的角度去看十月革命。即中国要走十月革命的道路，这是必然的，但是绝非生搬硬套，而是要把十月革命的理论原则同中国社会的实际相结合，走出一条适合自己的希望、光明之路。

邮票解析

图5-1【庆祝伟大节日】画面上天安门和克里姆林宫的夜空礼花缤纷，灯火辉映，表达了中苏两国人民和全世界无产阶级对伟大十月革命的欢庆。

图5-2【十月革命的世界意义】画面上闪光的镰刀铁锤照耀着地球，象征着十月革命为人类开辟的光明道路。

图5-3【保卫世界和平】画面上一只把橄榄枝叶作为翅翼的和平鸽正在自由翱翔，表达了伟大十月革命为世界带来和平的希望。

图5-4【捍卫马列主义】画面上几只巨手托举着马克思、列宁的著作，象征着十月革命使马列主义得以广泛传播。

图5-5【共产主义远景】画面上巨大的高压输电铁塔在红星的照耀下巍然屹立，表现了十月革命为经济建设和发展提供了可靠保证。

裁军和国际合作大会

发行日期：1958.7.20

3-1

3-2   3-3

（纪53）

3-1 （177）中国人民保卫和平的决心　　　4分　　　400万枚

3-2 （178）世界人民团结起来保卫和平　　8分　　　800万枚

3-3 （179）和平利用原子能　　　　　　　22分　　　300万枚

邮票规格：24 mm×30.5 mm

齿孔度数：14度

整张枚数：110枚

版　　别：雕刻版

设计者：邱陵

雕刻者：高振宇、鞠文俊

印刷厂：中国近代印刷公司

全套面值：0.34元

知识百花园

1958年7月16日至22日，在瑞典首都斯德哥尔摩召开了裁军和国际合作大会。这次会议是根据1957年10月在这个城市举行的世界和平理事会常委会会议上的决定召开的，会议受到了全世界爱好和平的国家和人民的欢迎和支持。会上，代表们畅所欲言，广泛交换了对于裁减军备，加强国际合作等问题的意见，寻求排除裁军障碍的措施，强烈要求和呼吁制止军备竞赛，禁止使用和试验核武器，维护全世界的持久和平，保护人类的平静与安宁。会议使各国人民在平等、互相尊重和独立的基础上，进一步建立了合作的关系。为纪念这次会议的成功召开，邮电部发行了这套邮票。3幅画面，形象地反映了各国人民为争取世界和平的愿望。

邮票解析

图3-1【中国人民保卫和平的决心】邮票画面左下角为天安门剪影。中间主图为一朵雍容华贵的牡丹花，5只和平鸽环绕着它缓缓飞翔，象征着中国人民坚持和平共处五项原则、维护世界和平的决心。

图3-2【世界人民团结起来保卫和平】邮票画面背景为象征安宁与温馨的朵朵祥云。中间主图为一枝硕大的橄榄枝叶，在象征着世界上不同肤色的各国人民的三色丝带烘托下，挺拔、茁壮，显示着顽强的生命力，表达了人类为争取和平的信念和趋势。

图3-3【和平利用原子能】邮票画面下方是沸腾的工厂建设的剪影，上方主图为一个巨大的原子模型。寓意为：原子能应为人类福利服务，而不应用于战争。原子模型是英国物理学家卢瑟福于1911年提出的，形象地描绘了电子沿一定轨道围绕原子核转动的原子结构，直观通俗，使人易于领会接受，并由此成为原子家族的代表图形。

中国人民志愿军凯旋归国纪念

发行日期：1958.11.20

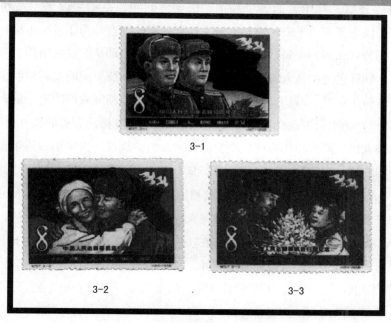

3-1

3-2   3-3

（纪57）

3-1 （187）并肩作战　　8分　　800万枚

3-2 （188）依依惜别　　8分　　850万枚

3-3 （189）胜利归来　　8分　　850万枚

邮票规格：38.5 mm × 25.5 mm

齿孔度数：14度

整张枚数：80枚

版　　别：雕刻版

设计者：孙传哲

雕刻者：唐霖坤、孔绍惠、高品璋

印刷厂：北京人民印刷厂

全套面值：0.24元

知识百花园

　　朝鲜停战后，朝中方面为了和平解决朝鲜问题，主动采取了一系列重要措施。中国人民志愿军为了表示对和平解决朝鲜问题的诚意，为了进一步缓和朝鲜半岛的紧张局势，在1954年到1955年这一年之中就先后主动从朝鲜撤出19个师。1958年2月5日，朝鲜民主主义人民共和国政府就朝鲜的和平统一问题发表声明，建议一切外国军队撤出朝鲜。2月7日，中国政府声明完全支持朝鲜政府的这一重大和平倡议。2月19日，朝中两国政府发表了关于中国人民志愿军撤出朝鲜的联合声明。2月20日，中国人民志愿军总部声明完全赞同我国政府的建议，决定于1958年底以前分批全部撤出朝鲜。1958年3月15日至4月25日，中国人民志愿军第一批6个师8万人返回祖国。7月，第二批又撤出朝鲜，回到祖国的怀抱。10月18日，中国人民志愿军向朝鲜人民发表告别信，10月22日，中国人民志愿军最后一批官兵，包括志愿军总部、3个师和后勤保障部队共11万人，在志愿军司令员杨勇上将、政委王平上将率领下启程回国，至10月26日全部撤出朝鲜，凯旋归国。

　　为热烈欢迎中国人民志愿军官兵凯旋，邮电部发行了这套纪念邮票，3幅画面充分表达了朝中两国人民的真挚感情。

邮票解析

　　图3-1【并肩作战】1950年6月25日朝鲜战争爆发，同年9月，美国纠集了15个国家，并非法使用日本的一部分舰船和士兵，从仁川登陆，疯狂北犯，把战火烧到鸭绿江边，并公然进犯我国东北。中国人民高举"抗美援朝，保家卫国"的旗帜，派出中国人民志愿军与朝鲜人民并肩作战。经过三年多的浴血奋战，终于把敌人赶回"三八线"以南，取得了停战胜利。

邮票画面即描绘了朝鲜人民军和中国人民志愿军并肩战斗的情景，他们捍卫了国家的独立和人民的尊严。

图3-2【依依惜别】中朝两国人民血肉相连，唇齿相依，在经受血与火的洗礼和考验，在面对凶恶敌人的共同战斗中，更加深了兄弟般的情感和友谊。在三年多的战争中，发生了多少动人故事，有多少朝鲜人民为抢救志愿军伤员而牺牲，有多少志愿军战士为掩护朝鲜群众而献出生命，又有多少黄继光、邱少云、杨根思、罗盛教、杨连第式的志愿军英雄长眠在那里。如今，中国人民志愿军胜利完成了使命，就要告别这战斗过的地方，离开这英雄的土地，朝鲜人民怎能不依依惜别？三千里江山怎能不万分留恋？在志愿军回国的1958年10月，朝鲜全国举行"朝中友好日"活动，以纪念这"以鲜血凝成的朝中人民的友谊"。

邮票画面即描绘了朝鲜人民与中国志愿军战士拥抱惜别时的情景，充分表达了朝中两国人民的真挚感情和深厚友谊。

图3-3【胜利归来】志愿军赴朝作战之后，国内立即掀起了大规模的抗美援朝支前运动，各行各业增加生产，厉行节约，捐献飞机大炮，以实际行动抗击美国的野蛮侵略，并组成各种慰问团到朝鲜前线去慰问子弟兵。1950年在志愿军过江参战仅一个月后，我国著名作家魏巍即去朝鲜战场体验生活，他深为志愿军的伟大革命精神所激励，回国后立即写下《谁是最可爱的人》这篇传颂广泛、影响深远的通讯。"最可爱的人"这个对志愿军战士富有感情的称呼，立即传遍工厂农村，人们把它写在慰问信、慰问品上，铭刻在脑海里，载入了革命的史册。"最可爱的人"这个充分表达了全国人民感情的称呼，也极大地激励着广大志愿军官兵舍身疆场，奋勇杀敌。英雄的志愿军勇士成为大家尊崇和学习的榜样。现在，他们完成了祖国和人民交给的任务，胜利归来。"列车在飞奔，祖国，我们回来了！"全国人民以饱满的热情，敲锣打鼓，蜂拥而至，迎接祖国的英雄儿女，拥抱凯旋的子弟兵。邮票画面即描绘了少先队员把盛开的鲜花献给"最可爱的人"的情景，充分表达了6亿人民的怀念和欢迎。

"五四" 运动四十周年

发行日期：1959.7.1

2-1　　　　　　　　　　　　2-2

（纪62）

2-1 （202）向科学技术进军　　　4分　　　277.5万枚

2-2 （203）工、农、商、学、兵　　8分　　　455万枚

邮票规格：35 mm×25 mm

齿孔度数：11×11.5度

整张枚数：50枚

版　别：影写版

设计者：钟涵

印刷厂：北京邮票厂

全套面值：0.12元

1919年爆发的五四运动，是为反对帝国主义对中国的侵略，反对卖国的北洋军阀而发起的。

值此伟大的五四运动40周年之际，邮电部发行了这套纪念邮票。

2幅画面均依据我国著名画家周令钊创作的一幅油画进行设计。表现了在马列主义的旗帜下，工农商学兵发扬五四精神，继承五四传统，胜利前进的姿态。

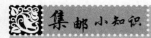

军用邮票

军用邮票（Military Stamp）简称军邮，是专门供军人或军事机关寄信和寄邮件贴用的邮票，票面上多印有与军事有关的图文，一般免费供给或收取较低的资费，我国都是免费发放。

世界上最早的军用邮票是土耳其的波斯尼亚和黑塞哥维亚省于1879年发行的，全套5枚，用于海军。世界上最早以国家名义发行军用邮票的是土耳其，是在1898年发行的八角形邮票。我国最早的军用邮票是于1938年9月在晋察冀边区发行的《抗战军人》邮票。

世界和平运动

发行日期：1959.7.25

（纪63）

2-1 （204）约里奥-居里像 　　　　　8分　　　415万枚

2-2 （205）黑、黄、白肤色人像剪影　　　22分　　　149.5万枚

邮票规格：23 mm × 27.5 mm

齿孔度数：11.5度

整张枚数：100枚

版　　别：雕刻版

设计者：刘硕仁、韩象琦

雕刻者：唐霖坤、高品璋

印刷厂：北京邮票厂

全套面值：0.30元

为缓和国际紧张局势，维护世界和平，1949年2月，由75位世界名人发起于1949年4月25日，在法国巴黎和匈牙利布拉格同时举行了第一届世界保卫和平大会，72个国家的2200名代表分别出席了大会。通过了《世界保卫和平大会宣言》，设立了常设委员会，号召全世界不同种族、国籍、阶层、信仰的人民团结起来，为争取世界持久和平而斗争。

第二届世界保卫和平大会于1950年11月16日至22日在波兰华沙举行，81个国家的2065名代表出席了大会。通过了《告全世界人民的宣言》《致联合国书》等10项文件，并设立了世界和平理事会，进行经常性活动，以领导和推动世界和平运动与民族解放运动，防止新的战争。根据世界和平理事会在1954年11月斯德哥尔摩会议上的决定，1955年6月22日至29日在芬兰赫尔辛基又召开了世界和平大会。参加大会的有68个国家和地区的1851名代表、观察员和来宾。大会讨论了一些重要国际问题，通过了《世界和平大会宣言》及由各委员会提出的建议等10项文件。大会主张争取禁止原子武器与和平利用原子能；在各国进行反对军事集团的宣传；欧洲一些国家达成共同协议建立集体安全体系；遵守《印度支那停战协定》；召开朝鲜问题会议；恢复中华人民共和国在联合国的合法地位等。

这次大会加强了全世界爱好和平人民的团结，扩大了和平力量的影响，有力地推动了全世界人民保卫和平的斗争。

1959年7月25日，为纪念第一届世界保卫和平大会10周年，进一步宣传和推动世界和平运动，邮电部发行了这套纪念邮票。

图2-1【约里奥-居里像】让·弗雷德里克·约里奥-居里，1900年3月19日生于法国一个商人家庭，他是法国著名的原子核物理学家，又是致力于世界和平事业的伟大战士。曾在巴黎工业理化学院学习，1925年进入居里夫人主持的巴黎镭研究

所工作，作为她的助手并于1926年10月4日和居里夫人的女儿伊伦娜·居里结婚。为表示对岳父即著名的法国科学家彼埃尔·居里的尊敬，便把自己的姓与岳父的姓连在一起，合称为"约里奥-居里"。在居里夫人的指导下，经过自己刻苦钻研，1930年写出电子化学论文，获得科学博士学位。1934年，约里奥-居里和夫人伊伦娜共同发现了人工放射性物质，荣获1935年度的诺贝尔奖奖金。之后又从事原子核反应方面的研究工作，他的研究对最终发现铀裂变起了一定作用。1937年，被聘为法兰西大学教授，亲自主持物理化学教研室工作。

第二次世界大战期间，他是该校抵抗运动的领导人，在德国法西斯占领阶段，他曾在自己的实验室里为游击队制造炸药，并把研究原子能的重要材料重水秘密运出巴黎，避免落入希特勒手中。他曾两次被捕，但始终坚贞不屈。1942年春，他加入了法国共产党。1946年政府任命他为法国原子能委员会的高级专员。1948年，他主持建造了法国第一个原子反应堆，并指定由此制造出来的原子能必须用于工业建设，坚决反对用来制造杀人武器。他的这种有益于世界和平的主张却招致了迫害。1950年法国当局解除了他的职务，禁止参加由他创建的全国科学研究所。

但是，他并未屈服，而是为和平奔走呼号，积极工作，成为世界著名的和平战士。于1950年当选为世界和平理事会主席，1951年荣获"加强国际和平"斯大林奖金。1956年当选为法国共产党中央委员会委员。1958年8月14日逝世，终年58岁。邮票画面以牡丹花和荷花为底纹，以原子模型为衬托，恰如其分地反映了约里奥-居里既是科学家又是和平战士的高大形象。

图2-2【黑、黄、白肤色人像剪影】邮票画面以牡丹花和荷花为底纹，以和平鸽和橄榄枝叶为衬托，描绘了三位不同肤色的人物头部剪影，反映了全世界各族人民团结起来，为捍卫世界和平而共同斗争的不朽形象。

遵义会议二十五周年

发行日期：1960 . 1.25

3-1

3-2

3-3

（纪74）

3-1	（252）遵义会议会址	4分	500万枚
3-2	（253）在毛泽东旗帜下永远胜利前进	8分	1000万枚
3-3	（254）巧渡金沙江	10分	300万枚

邮票规格：36 mm×25.5 mm

齿孔度数：11×11.5度

整张枚数：50枚

版　别：（1、3图）雕刻版；（2图）影写版

设计者：吴建坤

版图绘制：孙传哲

雕刻者：孙鸿年、孔绍惠

印刷厂：北京邮票厂

全套面值：0.22元

知识百花园

　　1935年1月15日至17日，中共中央政治局在贵州遵义召开扩大会议。出席会议的政治局委员有张闻天（洛甫）、秦邦宪（博古）、毛泽东、周恩来、陈云、朱德；政治局候补委员有王稼祥、刘少奇、何克全（凯丰）、邓发；红军总部参谋长刘伯承，原总政治部副主任、代主任李富春，一军团长林彪、政治委员聂荣臻，三军团长彭德怀、政治委员杨尚昆，五军团长董振堂、政治委员李卓然，《红星报》主编邓小平（会议中被选为党中央秘书长），共产国际派驻中国军事顾问李德及翻译伍修权。会议集中全力纠正了当时具有决定意义的军事上的错误，重新肯定了毛泽东等在多次反"围剿"中所采用的战略战术的基本原则，明确指出第五次反"围剿"的失败及退出苏区后遭到的严重损失，其主要原因是博古和李德在军事指挥上违背了这一系列基本原则。

　　遵义会议是中国共产党历史上第一次独立自主地运用马列主义基本原理，解决自己的路线、方针和政策的会议，在中国革命极端危险的时刻挽救了党和红军，是党的历史上的一个生死攸关的转折点，为中国革命开辟了走向胜利的道路。为此，在遵义会议25周年之际，邮电部发行了这套邮票，以资纪念。

邮票解析

　　图3-1【遵义会议会址】这座30年代初期修建的砖木结构曲尺形洋房，占地约

520平方米，一楼一底，楼上四周有回廊相通，楼下正门有一座高大的牌坊，位于贵州遵义市老城子尹街，原为黔军第二十五军二师师长柏辉章的公馆。

1935年1月6日，中国工农红军长征到达遵义后，即为红军总司令部驻地。遵义会议就是在这座建筑物的楼上召开的。

图3-2【在毛泽东旗帜下永远胜利前进】遵义会议确立了毛泽东在全党全军的领导地位，会议精神一传达，全党振奋，全军欢腾。在以毛泽东为代表的正确路线领导下，红军四渡赤水，然后巧渡金沙江，强渡大渡河，飞夺泸定桥，甩掉了蒋介石几十万大军的围追堵截，终于变被动为主动，使红军转危为安。紧接着，红军翻过千里冰封的大雪山，越过渺无人烟的荒草地，随后攻克天险腊子口，踏破岷山千里雪，越过六盘山高峰，击退数十万敌军的阻击，胜利地到达陕北吴起镇。直罗镇一仗，粉碎了敌人对陕甘根据地的"围剿"，为把全国革命的大本营放在西北，举行了一个奠基礼。邮票画面即为毛泽东挥着巨手，旗海翻卷，滚滚向前的场面。

遵义会议会址

图3-3【巧渡金沙江】金沙江指长江上游自青海省玉树市巴圹河口至四川省宜宾市一段，长2308千米，奔流在川藏边界沙鲁里山和宁静山之间，到云南省丽江石鼓急转北流，构成著名的虎跳峡，水流湍急，谷深达3000米以上，为世界最深峡谷之一。1935年1月遵义会议后，红一方面军在毛泽东等指挥下，经过四渡赤水，佯攻贵阳，威逼昆明等一系列作战行动，巧妙机智地调动了敌人，赢得了战场上的主动权，将围困堵截红军的几十万敌人抛在身后。5月3日，红军干部团在刘伯承率领下，作为先头部队迅速抢占了金沙江边的皎平渡口，几十名防守的民团被一扫而光。红军利用江边仅有的一条木船，往返渡江。这时国民党军队还弄不清红军主力的去向，而红一方面军的3万人马，用了9天9夜，从皎平渡从容渡江北上。待敌军发觉后，追至金沙江畔，红军早已远走高飞。邮票画面即以我国著名画家张漾兮、庄子曼共同创作的油画进行设计。描绘了红军用木船渡江的场面。

金沙江

庆祝匈牙利解放十五周年

发行日期：1960. 4. 4

2-1   2-2

（纪78）

| 2-1 | （265）中匈两国友好团结 | 8分 | 800万枚 |
| 2-2 | （266）匈牙利人民共和国国会大厦 | 8分 | 800万枚 |

邮票规格：36 mm×25.5 mm

齿孔度数：11×11.5度

整张枚数：50枚

版　　别：影写版

设计者：钟灵

版图绘制：刘硕仁

印刷厂：北京邮票厂

全套面值：0.16元

知识百花园

匈牙利位于欧洲东南部多瑙河中游，面积93031平方千米，大部分为平原和丘陵地带。主要河流有多瑙河和蒂萨河，西部巴拉顿湖为著名游览区。

全境属大陆性气候，年平均气温为10℃，雨量不多，常呈旱象。1958年时人口为986万。公元896年，马扎尔游牧部落从乌拉尔山脉移到匈牙利平原定居，建立了匈牙利王国。

16世纪起，匈牙利先后被土耳其、奥地利侵占。1848年至1849年，匈牙利人民在左翼自由主义者科苏特领导下，进行了争取自由独立的革命斗争，建立了匈牙利共和国，后匈牙利又沦为奥地利的一部分。1867年建立了奥匈帝国。第一次世界大战后，匈牙利脱离了外族统治建立了资产阶级共和国。

1919年3月21日，在匈牙利共产党领导下，建立了匈牙利苏维埃共和国。同年8月1日，苏维埃共和国被颠覆，国内恢复了君主立宪政体，法西斯独裁者霍尔蒂开始统治匈牙利。霍尔蒂政权于1940年成为希特勒德国的仆从国，1941年参加了侵苏战争。

1945年4月4日，匈牙利人民和苏军一起解放了全境，同年11月4日召开第一次国民议会，1946年2月1日宣布废除帝制，1949年8月15日成立了匈牙利人民共和国。

在匈牙利解放15周年之际，邮电部发行了这套纪念邮票，充分表达了中国人民对匈牙利的友好感情。

邮票解析

图2-1【中匈两国友好团结】 新中国成立后，于1949年10月6日即与匈牙利建立了大使级外交关系。1957年1月16日，以周恩来总理为首的中国政府代表团访问匈牙利。同年9月27日至10月5日，以卡达尔为首的匈牙利政府代表团访问我国。

1959年5月6日在北京签订了《中匈友好合作条约》。匈牙利在历届联合国大会上，都支持恢复新中国在联合国的一切合法权利。

邮票画面即以匈中两国国旗为衬托，突出描绘了北京天安门和布达佩斯自由雕像的剪影，以此表现两国之间的友谊。坐落在匈牙利首都布达佩斯的格列尔特小山上的自由雕像碑，是为纪念苏联红军解放匈牙利而竖立的。碑顶一位美丽的匈牙利女子铜像，双手托着一枝碧绿的橄榄，遥望着宁静而浩瀚的天空。

雕像为匈牙利雕塑家基什法鲁基—斯特罗布尔所创作，充分表达了匈牙利人民对自由、独立、和平和富强的向往。

图2-2【匈牙利人民共和国国会大厦】国会大厦位于布达佩斯市内美丽的多瑙河畔。兴建于1885年，历时20年才宣告竣工。占地面积17700多平方米，内有各类房屋700多间，大厦顶部距地面96米，为大型圆形拱顶，周围环绕着几十座精工雕成的石塔，两侧各有一座白石高塔，突出了哥特式建筑的风格与特征。大厅内部饰有金碧辉煌的半圆形彩灯，与镶贴在地面的漂亮大理石和周围的大理石柱交相辉映，富丽堂皇。在各个别具特色的大厅和新颖别致的房间里，均陈设和装饰着匈牙利民族的传统艺术精品，如挂毯、壁画、雕像及手工艺品等。

这座大厦既是匈牙利源远流长的历史文化的重要标志，也是匈牙利国家政权的象征，很多重要会议和重大庆典都要在这里举行。

匈牙利人民共和国国会大厦

庆祝捷克斯洛伐克解放十五周年

发行日期：1960.5.9

（纪79）

2-1 （267）友好团结 　　　8分 　　800万枚

2-2 （268）布拉格全景 　　8分 　　800万枚

邮票规格：（1图）26 mm×35.5 mm；（2图）35.5 mm×26 mm

齿孔度数：11度

整张枚数：50枚

版　　别：影写版

设计者：李为

印刷厂：北京邮票厂

全套面值：0.16元

知识百花园

捷克斯洛伐克是欧洲中部的内陆国家。面积127858平方千米，全境地势较高，西部为捷克高地，东部为向南逐渐倾斜的喀尔巴阡山地。主要河流有伏尔塔瓦河和摩拉瓦河。多瑙河、易北河和奥得河也流经国境。属温带大陆性气候，夏炎热，冬寒冷，年平均气温在7℃～9℃之间。1958年人口1350万。其中捷克族约占2/3，斯洛伐克族占1/3左右。资产阶级的捷克斯洛伐克共和国是在1918年10月28日成立的。1939年3月被德国占领，1945年4月在科息斯城成立民族阵线的联合政府。同年5月5日，布拉格人民配合苏军攻势，举行武装起义，9日捷克斯洛伐克全境解放。1946年5月举行国民议会选举，成立由捷共领导的新的联合政府。1948年2月，捷克斯洛伐克人民在捷共领导下粉碎了资产阶级反革命政变的阴谋，于同年5月9日公布了新宪法。捷克斯洛伐克共和国是一个工业高度发达的社会主义国家。资源有：硬煤蕴藏量60亿吨～70亿吨，居欧洲第5位；褐煤蕴藏量120亿吨～130亿吨，居世界第3位。铀矿的蕴藏也占重要地位。此外还有铁、锑、铅、铜、水银、锡、石油等。农产品主要是小麦、大麦、马铃薯、甜菜等。在捷克斯洛伐克解放15周年之际，邮电部发行了这套纪念邮票，以充分表达中国人民对捷克斯洛伐克人民的友好感情。

邮票解析

图2-1【友好团结】新中国成立后，1949年10月6日即与捷克斯洛伐克建立了大使级外交关系。1958年9月30日，又在北京成立了以夏衍为会长的中捷友好协会，以进一步巩固和发展两国人民之间的友好关系，增进两国各方面的联系与合作。邮票画面为中捷两国少先队员在向两国国旗庄严敬礼的场面，表达了两国人民的世代友好关系。

图2-2【布拉格全景】春夏之交的布拉格，葱郁的林木环抱着具有古典风格的建筑物，旧时的尖塔和现代化的高楼大厦错落其间，和谐相映。伏尔塔瓦河宛如一条色彩斑斓的飘带，装扮着这座历史名城。市内有数不清的古迹、文物、名胜，但最主要的还是距今已有1000多年历史的布拉格宫。邮票画面近处即是横跨于伏尔塔瓦河上的查现大桥，而远处的建筑群，即是闻名全球的布拉格宫。城堡建成以后，一直是管理国家的首府和防御侵略者的要塞，至今，它仍是捷克共和国的总统府。千百年来，它与本民族的命运紧紧相连，既是该国历代艺术大师智慧和劳动的结晶，也是民族存亡兴衰的历史见证。

庆祝朝鲜解放十五周年

发行日期：1960.8.15

（纪82）

2-1　（273）中朝友好　　8分　540万枚

2-2　（274）千里马　　　8分　540万枚

邮票规格：30 mm×40 mm

齿孔度数：11.5×11度

整张枚数：50枚

版　别：影写版

设计者：卢天骄

印刷厂：北京邮票厂

全套面值：0.16元

朝鲜位于亚洲东北部，领土包括朝鲜半岛及附近3300多个岛屿。面积约为220791平方千米，其中半岛面积约占总面积的97%。境内3/4为山地，山脉由北向南逐渐低下，北部多山，南部较平坦，平原多半在西部黄海沿岸。河流很多，有大同江、汉江、清川江、洛东江等，最长的鸭绿江是朝鲜与中国的界河。夏季多雨，年平均气温为10℃。朝鲜已有4000多年的历史。

公元1世纪前后，朝鲜半岛上出现了高句丽、百济、新罗三国。到公元7世纪中叶，新罗王朝第一次统一朝鲜半岛。10世纪时，高丽王朝代替了新罗王朝。14世纪末，李氏王朝代替了高丽王朝，改国号为朝鲜。

1910年8月，日本帝国主义完全侵占朝鲜。1919年3月1日，在俄国十月革命的影响下，朝鲜爆发了全国性的反日起义，称"三一运动"。从此，工人和农民的斗争不断发展。

1945年8月15日，朝鲜人民在苏联红军配合下获得解放，但朝鲜南部（以北纬38°为界）被美军占领。1948年9月，朝鲜民主主义人民共和国正式宣告成立。而南方则于1949年8月成立了大韩民国（简称韩国）。

为庆祝朝鲜解放15周年，邮电部发行了这套纪念邮票。以2幅画面，表现了中朝两国的友谊和朝鲜的经济建设。

图2-1【中朝友好】1949年10月6日，中朝两国正式建交，并互派大使。朝鲜政府和人民一贯支持新中国为解放自己的领土——台湾而进行的斗争，反对美国蓄意制造"两个中国"的阴谋。1950年10月至1953年7月，朝鲜人民军和中国人民志愿军并肩作战，抗击美国入侵。

1953年10月，金日成首相率领朝鲜政府代表团访问中国，发表了会谈公报，签订了经济文化合作的几项协定。在1954年的日内瓦会议上，中国支持朝鲜提出的南北"和平统一"的主张。1958年2月，周恩来总理率领中国政府代表团访问朝鲜，同金日成首相举行了友好会谈。邮票画面以并列悬挂着的两国国旗，在鲜花的簇拥中熠熠生辉，表达了中朝友谊万古长存。

图2-2【千里马】"千里马运动"是朝鲜劳动党建设社会主义的总路线，它号召朝鲜人民以跨上千里马的气概，朝着社会主义奔驰。解放前的朝鲜，大部分居民从事农业，日本帝国主义每年从朝鲜掠夺600万至1000万石（每石合150千克）粮食，朝鲜人民处在水深火热之中，经济凋敝，一片黑暗。朝鲜解放后，在朝鲜劳动党和政府领导下，迅速地进行了经济恢复和建设工作，并取得了显著成就。但从1950年到1953年，美国在侵朝战争中，对朝鲜北半部进行了野蛮的轰炸，使8700多座工厂企业、37万町步（1町步合15亩）农田、60多万户住宅以及各种文化设施遭到破坏。

战争结束后，朝鲜政府立即制定并实施了三年经济建设计划（1954~1956），到1956年底，工农业生产都达到或超过1949年的水平。1958年6月，最高人民会议第三次会议通过了关于第一个五年计划（1957~1961）的法令。

五年计划的基本任务是：进一步巩固社会主义经济基础，基本上解决人民的衣食住问题。1958年，朝鲜人民在党和政府的领导下，以跃上"千里马"的英雄气概，沿着社会主义建设大道奔驰，于1959年朝鲜解放纪念日（8月15日）提前两年四个半月完成了第一个五年计划。

邮票画面即以横空出世的千里马，飞腾在烟囱林立的工厂上空，表现了朝鲜建设的跃进速度。

庆祝越南民主共和国成立十五周年

发行日期：1960.9.2

（纪83）

2-1 （275）中越友好　　8分　　540万枚

2-2 （276）还剑湖　　　8分　　540万枚

邮票规格：（1图）40 mm×30 mm；（2图）30 mm×40 mm

齿孔度数：（1图）11×11.5度；（2图）11.5×11度

整张枚数：50枚

版　　别：影写版

设计者：刘硕仁

印刷厂：北京邮票厂

全套面值：0.16元

越南民主共和国位于中南半岛东部，面积329600平方千米（其中北方为158750平方千米，南方为170850平方千米）。地势由西北向东南倾斜。山脉和高原约占全国面积的3/4，其中长山山脉蜿蜒在整个越南中部，是越南和老挝的天然国界。平原面积约占1/4，大部分由河流泥沙冲积而成。境内河流密布主要有红河和湄公河。红河又称珥河，发源于中国云南的大理，在中国境内的一段叫元江。湄公河又称九龙江，是中南半岛上最长的河流，发源于中国的西藏高原，在中国境内的一段叫澜沧江。

越南的历史十分悠久。1858年，法国入侵越南。1874年，越南王室和法国签订和约，把越南南部割让给法国。1882年，法国进攻北部，越南王室投降，于1884年与法国签订投降新约，沦为法国的保护国。在这以后，越南人民不断进行抗法斗争。1930年，胡志明创立了印度支那共产党（1951年改名为越南劳动党）。1940年，日本侵入印度支那，扶植保大成立"安南帝国"傀儡政府。印度支那共产党领导人民进行反对日本、法国的斗争。1944年底，越南革命力量在北部高平等6个省创立了解放区，成立了人民委员会。1945年8月16日，越南人民进行了八月革命，推翻了殖民统治，成立了越南临时政府。9月2日，胡志明主席以临时政府名义，在河内巴亭广场发布《独立宣言》，宣告越南共和国成立。但就在共和国成立还不到一个月时，法国在美国的支持下，于1945年9月23日侵入越南南部。1946年12月，进而发动了对越南全面的武装进攻，并于1949年6月扶植保大，在南部建立了所谓"越南国"。越南人民在胡志明主席和越南劳动党的领导下，进行了连续8年多的艰苦抗战。于1954年5月7日，在奠边府全歼法军16000多人，取得了决定性的胜利，迫使法国在同年7月21日签订了《日内瓦协议》，保证尊重越南的独立、主权、统一和领土完整，并以北纬17°为临时军事分界线。

为庆祝越南民主共和国成立15周年，邮电部发行了这套纪念邮票。以2幅画面表现了中越两国的传统友谊和越南的风光及历史。

图2-1【中越友好】中越两国人民在长期反对外国侵略的共同斗争中，互相援

助，互相支持，建立了深厚的战斗友谊。1950年1月18日，中越两国正式建立了外交关系。胡志明主席曾热情赞扬道："越中情谊深，同志加兄弟。"中越两国建交以来，互派了很多代表团进行友好访问，从1955年以来，胡志明、黎笋、长征、范文同等越南党政领导人曾多次到中国访问；我国周恩来总理也曾三次到越南进行正式访问。两国领导人的不断接触，使中越两国人民在长期反对外国侵略的共同斗争中结成的革命友谊，不断得到巩固和发展。越南人民坚决支持中国人民解放自己的神圣领土台湾的正义斗争，反对任何制造"两个中国"或"一中一台"的阴谋。

图2-2【还剑湖】位于越南首都河内的市中心，水面清澈如镜，周围林木葱茏，既是一处久负盛名的风景区，又是越南历史和文化的象征。河内的地理位置十分重要，在红河三角洲的中心，从南方到北方，从内地到沿海，都是必经之地。这座越南古城，历史悠久。早在公元621年，这里便开始筑城，名为紫城，后又改称"罗城""大罗"。从公元11世纪起，便成为越南的政治、经济和文化的中心。市内遍布古迹名胜，为千余年的越南文物荟萃之地。但最有代表性的还是这个还剑湖和湖中的龟塔。据说，越南皇帝黎太祖（1428-1433）在即位之前，曾从地下掘得一把宝剑，经过14年的征战，终于取得了天下，登上了皇位。有一天，黎太祖乘兴在湖上游览，有大龟突然从湖中跃起，他挥剑砍去，宝剑被大龟咬住沉下湖底。于是，黎太祖便把此湖命名为"还剑湖"，并建起一座龟塔，以资纪念。在还剑湖西北的巴亭广场，更是越南独立自由的象征。越南人民第一次反抗法国占领者，争取民族解放的运动就是在巴亭爆发的，胡志明主席的《独立宣言》也是在这里宣读的。

巴黎公社九十周年

发行日期：1961.3.18

2-1　　　　　　　　2-2

（纪85）

2-1 （279）在哲人堂升起红旗　　　8分　　　275万枚

2-2 （280）宣布公社成立　　　　　8分　　　275万枚

邮票规格：30 mm × 40 mm

齿孔度数：11.5×11度

整张枚数：50枚

版　别：影雕版

设计者：李为

雕刻者：唐霖坤、高品璋、孙鸿年

印刷厂：北京邮票厂

全套面值：0.16元

巴黎公社是1871年3月18日法国工人起义后建立的工人阶级革命政府，是人类历史上第一个无产阶级专政的政权。它的诞生，是法国社会政治经济矛盾发展的必然结果。

在巴黎公社90周年之际，邮电部发行了这套纪念邮票，以缅怀那段悲壮而光辉的历史，悼念那些为公社而牺牲流血的英雄。

图2-1【在哲人堂升起红旗】哲人堂又叫万神庙，是法国首都巴黎的市政厅。1871年3月18日，巴黎工人阶级举行了震撼世界的武装起义，哲人堂便是起义胜利后，巴黎公社经常召集社员和群众大会的地方，一些公社的法令便是在这里宣布的。

邮票画面是依据一幅珍贵的法国历史画进行设计的。它生动地描绘了在高高飘扬着公社旗帜的哲人堂前，公社社员和巴黎市民正在开会的场面。

图2-2【宣布公社成立】巴黎无产阶级和其他劳动群众，于1871年3月18日凌晨，占领了政府机关，在市政厅和陆军部的大厦顶插上了革命的红旗。3月26日至28日，由人民普选产生了工人阶级自己的政府，宣告巴黎公社正式成立，建立了行政、立法统一的新型政权机关公社委员会。

邮票画面是依据一幅珍贵的法国历史画进行设计的。逼真地刻画了当年巴黎公社成立时的场面，红旗飘飘，群情激动，人们手握枪械，热烈欢呼革命的胜利，簇拥着当选的公社委员们，庆祝无产阶级人民政权的诞生。

庆祝蒙古人民革命四十周年

发行日期：1961.7.11

2-1　　　　　　　　　　　　　　　　2-2

（纪89）

| 2-1 | （292）中蒙友谊 | 8分 | 540万枚 |
| 2-2 | （293）蒙古中央政府大厦 | 10分 | 240万枚 |

邮票规格：40 mm×30 mm

齿孔度数：11×11.5度

整张枚数：50枚

版　　别：影写版
设计者：孙传哲
印刷厂：北京邮票厂
全套面值：0.18元

知识百花园

蒙古国位于亚洲大陆中部，面积1565000平方千米，全境处在海拔1580米的高原上。北部和西北部为山地和盆地区，东部和东南部为高原区，山脉主要有西部的阿尔泰山，中部的杭爱山和东北部的肯特山。戈壁沙漠约占全境的1/3。主要河流有色楞格河、克鲁伦河、鄂尔浑河。湖泊以乌布苏湖和库苏古尔湖为最大。属大陆性气候，无霜期短，只有90至110多天，蒙古有丰富的煤、金、铅、铜、锰、铁、石油等矿藏，湖泊含有大量的食盐和硫酸钠。70%左右的人口从事畜牧业，牲畜、皮毛为蒙古的重要产物。

蒙古的历史与我国有着不可分割的关系，原属中国一部分的外蒙古，1911年在沙俄策动下，宣告"自治"，实际上是上层统治者，即王公、大喇嘛们公开投入沙俄怀抱。

在俄国十月革命的影响下，1921年3月1日成立了外蒙古人民党（后改名为蒙古人民革命党），领导人民进行反对内外统治者的革命斗争，于同年7月11日推翻了反动的封建统治，成立了"君主立宪政府"，宣布独立。1924年5月，中苏签订《中俄解决悬案大纲协定》规定："苏联政府承认外蒙为完全中华民国之一部分，及尊重在该领土内中国之主权。"同年11月26日，建立了蒙古人民革命政府，废除了君主立宪制，正式成立了蒙古人民共和国。

1945年2月，苏、美、英三国首脑在雅尔塔协定规定蒙古现状"须予维持"。1946年1月5日，中国国民党政府承认外蒙古独立。在蒙古人民革命党（1925年3月改为现名）和政府领导下，蒙古人民彻底完成了反对帝国主义和封建主义的民主革命任务，顺利地进行着国家的经济建设，至这套邮票发行之际，已完成了发展国民经济的三个五年计划（1948-1960），改变着国家单纯以畜牧业为主的经济面貌，农业和工业均有了很大发展。

此际，正值蒙古人民革命胜利40周年，邮电部发行了这套纪念邮票。以2幅画面表达了中国人民的友好感情。

图2-1【中蒙友好】新中国成立后于1949年10月16日同蒙古建交，两国政府先后签订了一系列协定和条约。如1955年4月，签订了派遣中国员工到蒙古帮助生产建设的协定；1956年8月，签订了中国给予蒙古经济和技术援助协定，根据这一协定，中国向蒙古提供无偿援助1亿6千万（旧）卢布（约合1700多万美元）；1958年12月签订了一项经济和技术援助协定，中国向蒙古提供贷款一亿（旧）卢布（约合1100多万美元）；1960年5月，同时签订了《中蒙友好互助条约》《科学技术合作协定》，以及《中国给予蒙古经济技术援助协定》，中国又向蒙古提供贷款两亿（旧）卢布（约合2200多万美元）；1960年9月，签订了派遣中国员工帮助蒙古生产建设的第二个协定；1961年4月，签订了《通商条约》；1962年12月，泽登巴尔访华时签订了《中蒙边界条约》；1964年6月，签订了两国边界议定书。根据双方协定，1955年至1960年期间，中国每年有大量员工在蒙古帮助建设。蒙古于1961年10月加入联合国，在联大会议上均赞成恢复新中国合法权利的提案。近年来两国关系明显改善。

邮票画面以并排悬挂着的中蒙两国国旗为衬托，繁花似锦，生产兴旺，既表现了两国人民的友好，也体现出两国经济的昌盛。

图2-2【蒙古中央政府大厦】该建筑位于蒙古首都乌兰巴托市中心。蒙古国家最高权力机构是大人民呼拉尔，在其闭会期间，为其主席团。部长会议为国家政权最高执行机关，由大人民呼拉尔任命。蒙古党政领导人最早是苏赫巴托尔，他出身于贫苦牧民家庭，1912年至1918年服军役。1919年在库伦（今乌兰巴托）组织革命小组，1921年领导建立了外蒙古人民党和人民军队，并担任军事部长和人民军总司令。1923年2月遇刺身亡。

邮票画面以一轮旭日和万道霞光为衬托，鲜花簇拥着蒙古政府大厦和苏赫巴托尔纪念碑。

辛亥革命五十周年

发行日期：1961.10.10

2-1 2-2

（纪90）

2-1 （294）武昌起义（浮雕） 8分 800万枚

2-2 （295）孙中山像 10分 300万枚

邮票规格： （1图）40 mm×30 mm； （2图）30 mm×40 mm

齿孔度数： （1图）11×11.5度； （2图）11.5×11度

整张枚数：40枚

版　别：影写版

设计者：万维生

印刷厂：北京邮票厂

全套面值：0.18元

辛亥革命是1911年（辛亥年）10月10日爆发的资产阶级领导的旧民主主义革命。

1911年夏，清政府借铁路实行国有名义，将民办的川汉、粤汉铁路收为国有，并以铁路修筑权为抵押，向英、法、德、美四国银行团借款，这种以出卖铁路主权换取清廷经济利益的行为，激起了人民的反抗。四川、广东、湖南、湖北地区掀起了声势浩大的保路群众运动。面对这种形势，孙中山领导的同盟会等革命团体加紧了革命的准备。当时，在15000多人的湖北新军中，有文学社和共进会两个革命组织在秘密活动，参加人数达5000人。9月2日，清政府调湖北新军一标（相当于团）入川镇压保路运动，革命党人担心新军被陆续调走，使革命力量分散，决定提前举行起义。10月9日革命党人在汉口制造炸弹，不慎爆炸，引起清廷警觉，大肆搜捕革命党人，起义指挥机关被破坏，彭楚潘、刘复基、杨宏胜等领导者被捕牺牲，其余人被迫逃亡。在这种形势下，新军工程第八营的士兵于10月10日夜首先起义，迅速攻占楚望台军械库，随即会同其他起义士兵、工人和学生，合攻总督衙门。湖广总督瑞澂逃往长江中的"楚豫"兵舰。经过一夜战斗，起义者占领了武昌全城。11日和12日，汉阳、汉口起义也获胜利。10月11日，起义士兵和各界代表在武昌阅马场集会，成立了湖北军政府。武汉三镇起义的胜利，迅速推动了全国革命形势的高涨，各省纷纷响应，宣布独立，清政府迅速解体。12月底，各省代表在南京开会，1912年1月1日宣布成立中华民国临时政府，孙中山就任临时大总统。统治中国260多年的清王朝垮台了。南京临时政府成立后，帝国主义各国不予承认，并积极物色袁世凯为其代理人。1912年2月12日清帝退位。3月10日，袁世凯摇身一变，在北京成为"中华民国"的临时大总统。

武昌起义浮雕

图2-1【武昌起义（浮雕）】邮票画面采用了北京人民英雄纪念碑上的一块汉白玉石浮雕像《武昌起义》进行设计。表现了辛亥革命中起义士兵前仆后继，勇敢冲杀的场面。

图2-2【孙中山像】邮票画面采用了孙中山先生晚年时的一幅肖像进行设计。

伟大的十月社会主义革命
四十五周年

发行日期：1962.11.7

（纪95）

2-1 （316）列宁像　　　8分　　　800万枚

2-2 （317）攻打冬宫　　20分　　　300万枚

邮票规格：（1图）31 mm × 52 mm；（2图）52 mm × 31 mm

齿孔度数：11.5度

整张枚数：50枚

版　　别：影写版
设计者：万维生
印刷厂：北京邮票厂
全套面值：0.28元

这套邮票，以2幅画面描绘了伟大列宁的形象，回顾了十月革命那艰辛而难忘的岁月，展示出那激烈而残酷的斗争历程，使人不能忘却并受到鼓舞和教育。

邮票解析

图2-1【列宁像】邮票画面取材于苏联崔波拉柯夫的油画《列宁》而设计。在高大的拱门之下，列宁正振臂指挥整装待发的革命战士，准备迎接革命风暴的到来。站在最前面的列宁充满了智慧和力量。

图2-2【攻打冬宫】邮票画面取材于苏联索柯洛夫·斯卡里雅的油画《攻打冬宫》而设计。在这资产阶级的巢穴——冬宫前，枪声阵阵，炮声隆隆，喊杀震天，起义的士兵和工人正在向这最后的堡垒冲击。饱受剥削和压迫的俄国无产阶级正在用行动把这腐朽的制度彻底摧毁，为人类开辟着光明的道路。

列宁像

阿尔巴尼亚独立五十周年

发行日期：1962.11.28

（纪96）

2-1 （318）阿尔巴尼亚地图和反法西斯战士纪念碑　　8分　　800万枚

2-2 （319）阿尔巴尼亚国旗和儿童　　　　　　　　10分　　300万枚

邮票规格：30 mm×40 mm

齿孔度数：11.5×11度

整张枚数：50枚

版　别：影写版

设计者：卢天骄

印刷厂：北京邮票厂

全套面值：0.18元

阿尔巴尼亚人民共和国位于巴尔干半岛西南部，扼亚得里亚海出地中海的门户。北和东北部分别与塞尔维亚和黑山以及马其顿接壤，东南与希腊为邻，西面隔亚得里亚海与意大利遥对。面积约为28743平方千米。境内多山，2/3的地区为山脉和丘陵，仅亚得里亚海滨海地区是平原。地形复杂，气候差别很大，沿海地区温和，山区则接近大陆性气候。夏季炎热干燥，冬季湿润多雨，年平均降水量为1400毫米。阿尔巴尼亚民族的祖先为伊利里亚人，是巴尔干半岛上最古老的民族之一。公元前2世纪，罗马帝国占领了阿尔巴尼亚。以后，相继为东罗马-拜占庭帝国和斯拉夫人所统治。15世纪时，土耳其人入侵，阿尔巴尼亚人民在民族英雄斯坎培德的领导下，于1443年举行反抗土耳其的起义，战斗坚持了25年。斯坎培德去世后，阿尔巴尼亚封建贵族发生内讧，失去了抵抗外敌的能力，致使阿尔巴尼亚受土耳其统治约450年之久。英雄的阿尔巴尼亚人民，没有忘记反抗，起义不断爆发，斗争接连不断，终于在1912年11月28日，由民族英雄伊斯梅尔·格马利庄严宣告了阿尔巴尼亚的正式独立，挣脱了土耳其殖民统治的封建枷锁。1939年4月，意大利出兵占领了阿尔巴尼亚。1943年9月，意大利投降，但是德国又侵占了阿尔巴尼亚所有的大城市和港口。1941年11月阿尔巴尼亚共产党成立后，领导全国人民展开抗击意、德占领军的游击战争。1944年11月29日，全国解放，这一天被定为解放日。1945年12月，举行全国第一次普选。1946年1月11日，制宪会议（后改名为人民会议）正式宣布阿尔巴尼亚为人民共和国。

为纪念阿尔巴尼亚独立50周年，邮电部发行了这套邮票。

邮票解析

图2-1【阿尔巴尼亚地图和反法西斯战士纪念碑】邮票画面以阿尔巴尼亚国土平面图为衬托，描绘了耸立在地拉那市中心的阿尔巴尼亚独立纪念碑的形象，系由一位全副武装的游击队员全身塑像构成。

图2-2【阿尔巴尼亚国旗和儿童】邮票画面以阿尔巴尼亚国旗为衬托，描绘了一位手捧鲜花的阿尔巴尼亚少先队员的形象。

革命的社会主义的古巴万岁

发行日期：1963.1.1

6-1

6-2

6-3

6-4

6-5

6-6

（纪97）

6-1	（320）中古友谊	4分	300万枚
6-2	（321）保卫古巴	4分	300万枚
6-3	（322）坚决反对美帝侵略	8分	600万枚
6-4	（323）支持古巴人民的正义斗争	8分	600万枚
6-5	（324）古巴必胜	10分	250万枚
6-6	（325）胜利属于古巴人民	10分	250万枚

邮票规格： （1、2、5、6图）40 mm×30 mm； （3、4图）52 mm×31 mm
齿孔度数： （1、2、5、6图）11×11.5度； （3、4图）11.5度
整张枚数：50枚
版　别：影写版
设计者：孙传哲
印刷厂：北京邮票厂
全套面值：0.44元

知识百花园

　　古巴人民经过不屈不挠的长期斗争，终于在1959年1月1日推翻了巴蒂斯塔独裁政权。革命胜利后，卡斯特罗总理在1961年4月16日的演说中宣布：古巴革命，"是一场贫苦人的、由贫苦人进行的、为了贫苦人的社会主义民主革命"。1960年9月2日，古巴针对同年8月28日美洲国家组织通过的《圣约瑟宣言》，在大约有100万人参加的群众大会上通过了《哈瓦那宣言》。"宣言"宣布和中国建交，并且宣布：接受苏联在一旦古巴领土遭到美国武装力量袭击时所给予的火箭支援。1962年2月4日，古巴针对美国强使美洲国家组织第八次外长会议通过的把古巴排除"泛美体系"的无理决议，通过了《第二个哈瓦那宣言》，谴责上述决议和美国对拉丁美洲人民的奴役、掠夺和武装侵略。

　　这套纪念邮票以6幅画面再现了古巴革命的难忘历程，展示了古巴斗争的现实和远景。

图6-1【中古友谊】在古巴的历史上，侨居古巴的中国人都曾为争取古巴的独立解放而同古巴人民并肩战斗，无论是反对西班牙殖民者的两次独立战争，还是反对美国的入侵，他们都曾进行过英勇的斗争，付出过代价和牺牲。古巴革命胜利后，1959年7月，中国新闻工作者代表团访问古巴期间，古巴副总理兼革命武装部部长劳尔·卡斯特罗·鲁斯委托他们给中国人民带回来一件珍贵的礼物，就是邮票画面上的这个铜质坦克模型。劳尔·卡斯特罗·鲁斯说："我把这个小小的但是意义重大的战利品送给中国人民，它象征着古巴人民和中国人民的战斗友谊，象征着我们两国人民永远携手前进。"现在这个模型原物，陈列在中国革命博物馆内。

图6-2【保卫古巴】邮票画面即以象征着古巴的拉富埃萨城堡剪影为背景，描绘了紧握枪支的古巴战士和人民的形象，表现了神圣的古巴不容侵犯。建于1538年的拉富埃萨城堡坐落在哈瓦那市内，这是一座呈四方形的古老城堡，围墙高达20多米，堡上建有一高大钟楼。1539年，埃尔南多·德·索托从古巴岛出发，首先发现了密西西比河。传说索托走后，他的妻子伊萨贝拉·德·博巴迪利亚经常登上楼顶向远处眺望，盼望丈夫早日归来。最后，她盼到的竟是丈夫的死讯，她也悲痛而亡。城堡不仅因为这个动人的传说而闻名于世，更以其楼顶安放着一尊名为哈瓦那的印第安少女铜像而格外动人。古巴的首都哈瓦那便由此得名，而城堡便被视为古巴的象征。1762年，"少女"被美国占领军劫走，现在的铜像为复制品。

图6-3【坚决反对美帝侵略】邮票画面描绘了古巴人民游行示威，誓死抗击美国的盛大场面，表现了古巴民族的意志和决心。

图6-4【支持古巴人民的正义斗争】古巴人民的斗争历来得到中国人民的全力支持。1961年7月25日，毛泽东应古巴《革命报》的要求，写了对"七·二六"古巴人民武装起义8周年的祝词："古巴人民革命的伟大胜利，为拉丁美洲各国人民的民族民主运动，树立了光辉的榜样，并且大大地鼓舞了世界上一切被压迫民族争取解放的斗争。"当美国雇佣军于1961年4月17日入侵古巴吉隆滩时，中国首都60万人于4月21日举行集会和示威，坚决支持和声援古巴人民的斗争。1962年发生了"加勒比海危机"，美国于10月22日出动183艘舰船，其中包括8艘航空母舰以及大批飞机，对古巴的领海、领空进行了严密的封锁和监视，迫使苏联从古巴撤走42枚导弹

及全部"伊尔-28"型轰炸机。古巴人民为维护自己的主权进行了顽强的斗争。在关键时刻，中国政府于10月25日和11月30日两次发表声明，支持古巴反美斗争。从11月3日到6日，中国各地举行了共有500万人参加的示威，支持古巴人民的正义斗争。邮票画面即为中国首都北京群众集会的盛大场面，表现了中国人民对古巴的支持。

图6-5【古巴必胜】在古巴起义日18周年之际，周恩来总理曾致电卡斯特罗总理。电报说："英雄的古巴人民在卡斯特罗总理领导下，经过武装斗争，推翻了美国及其走狗的统治，并在革命胜利之后，继续为反抗美国的侵略、干涉、封锁和颠覆、捍卫民族独立、国家主权和建设祖国，进行了英勇的斗争，克服了重重困难，取得了伟大的胜利和成就。"古巴人民自从粉碎美国入侵的吉隆滩战役胜利以来，又多次捕获了美国中央情报局派遣的武装特务，打退了美国的几次武装挑衅。邮票画面即以坦克群剪影为背景，描绘了愤怒的古巴战士的凛然形象，表现了古巴人民的斗志和信心。

图6-6【胜利属于古巴人民】1961年11月1日，卡斯特罗在电视演讲中说："我们保卫祖国，因为我们希望有一个劳动的祖国。"古巴人民，正是有了这样一位革命领袖，有了卡斯特罗的正确领导，才有了这样一个祖国。邮票画面即为在古巴国旗的辉映下，卡斯特罗的英俊画像。1926年8月13日卡斯特罗生在古巴奥连特省的一个甘蔗种植园主家庭。1945年入哈瓦那大学法律系读书，曾任大学生联合会主席。1950年毕业并获法学博士学位，同年参加了古巴人民党。1953年7月26日，他带领一批青年攻打圣地亚哥的蒙卡达兵营，发动了反巴蒂斯塔武装起义，失败后被捕，判刑15年，1955年获释，又着手组织"七·二六"运动。不久事泻，逃亡墨西哥。1956年12月2日，他率领82人在奥连特省登陆，并在该省马埃斯特腊山开展游击战争。1958年4月，起义军对巴蒂斯塔政权开展进攻。1959年1月1日，古巴全国解放，建立了古巴临时政府。1959年2月16日，卡斯特罗任古巴总理，后改称部长会议主席。1961年7月建立古巴革命统一组织。1962年改称古巴社会主义革命统一党，1965年又改称古巴共产党，他均任第一书记。卡斯特罗在长期的革命生涯中已成为古巴人民公认的领袖。

支持越南南方人民解放斗争

发行日期：1963.12.30

（纪101）

2-1 （336）不可抗拒的力量　　8分　　450万枚

2-2 （337）我们必胜　　　　　8分　　450万枚

邮票规格：30 mm × 40 mm

齿孔度数：11.5 × 11度

整张枚数：50枚

版　别：影写版

设计者：卢天骄

印刷厂：北京邮票厂

全套面值：0.16元

1963年12月20日，中国首都北京举行了盛大的群众集会，继续表达中国人民对越南人民爱国正义战争全力支持的激情。这一天，也正是越南南方民族解放阵线成立3周年的日子，也是"国际支援南越工人和人民斗争日"。为此，邮电部发行了这套纪念邮票。

邮票解析

图2-1【不可抗拒的力量】美国的野蛮侵略，给越南人民带来了巨大的灾难。邮票画面依据越南画家光寿的一幅原画进行设计，主图为手持大刀长矛的一家人，携儿带女，满腔怒火，面对侵略者的形象。

图2-2【我们必胜】美国的野蛮侵略，燃起了越南人民心中愤怒的火焰。邮票画面主图为全副武装的越南军民，杀声震天，奋不顾身，勇敢地冲向敌人的形象。

越南河内风光

庆祝古巴解放五周年

发行日期：1964.1.1

（纪102）

2-1 （338）中古友谊　　8分　　450万枚

2-2 （339）古巴万岁　　8分　　450万枚

邮票规格：30 mm × 40 mm

齿孔度数：11.5 × 11度

整张枚数：50枚

版　别：影写版

设计者：万维生

印刷厂：北京邮票厂

全套面值：0.16元

知识百花园

这套纪念邮票以2幅画面再现中古友好和古巴所取得的成绩。

邮票解析

图2-1【中古友谊】中古两国于1960年9月28日建交后，1961年9月，古巴总统多尔蒂科斯率团访华，中古双方发表了联合声明。在美国入侵古巴吉隆滩和"加勒比海危机"时，中国都举行过声势浩大的示威游行，对古巴人民予以声援和支持。从1960年至1963年，中古签订了有关贸易、科技、文化和经济合作等协定。邮票画面即以飘扬着的中古两国国旗为主图表现了中古友谊。

图2-2【古巴万岁】邮票画面以热带植物，高大的棕榈树和一面面迎风飘展的古巴国旗为背景，描绘了一位手持古巴国旗的英俊少年形象，表现了古巴人民为自由而战与对和平幸福生活的渴望。古巴国旗，含义深广。靠近旗杆的一边为缀有一颗白色五角星的红色等边三角形，这是古巴秘密革命组织的标志，象征着自由、平等、博爱和爱国者的鲜血。右边则用三道蓝色宽条表示未来的共和国分成东、西、中三州；两道白色宽条则表示古巴人民在独立战争中怀着纯洁的目的。古巴1511年沦为西班牙殖民地。1849年6月，古巴武装力量的代表纳西索·洛佩斯将军设计了这面旗帜，由当时流亡在美国纽约的诗人、画家米格尔·德乌尔伯·多伦制图，其表妹按图缝制而成。1850年5月19日，纳西索·洛佩斯将军首次在古巴将它升起。从此，在讨伐西班牙殖民者的战斗中，这面旗帜始终飘扬在革命队伍里。1895年，民族英雄何塞·马蒂领导发动的第二次独立战争中，曾采用这面旗帜为国旗。1902年成立了古巴共和国，仍把它作为国旗。1955年2月27日，古巴政府根据《共和国根本法》第五条规定确认：纳西索·洛佩斯所制的国旗为共和国国旗。

英勇的越南南方人民必胜

发行日期：1964.7.20

1-1

（纪105）

1-1 （344）地球、越南地图和越南南方民族解放阵线旗帜　　8分　500万枚

邮票规格：26 mm × 62 mm

齿孔度数：11.5度

整张枚数：50枚

版　别：影写版
设计者：孙传哲
印刷厂：北京邮票厂
全套面值：0.08元

知识百花园

1930年2月3日，以胡志明为首的越南共产党在香港成立，随即领导了当时蓬勃发展的群众革命运动，在义安、河静两省第一次建立了义静苏维埃政权。同年10月，改为印度支那共产党。1935年5月，在澳门召开了党的第一次代表大会，制定了在新形势下的革命方针和策略。1940年9月，日本入侵，革命主力转入农村，发动群众，组织武装力量。1944年12月，创立了越南解放军，开展游击战争，扩大革命根据地。1945年8月，日本投降，胡志明领导全国起义成功，并于9月2日宣告成立越南民主共和国。不久，又进行抗法战争，历时9年，终于在1954年5月粉碎了法国卷土重来的阴谋，迫使他们在《日内瓦协议》上签字。之后，美国背信弃义，妄图取法国而代之，在越南南方扶植西贡傀儡政权，并从1961年5月起，发动了所谓"特种战争"，进而把战火烧到越南北方，升级为所谓"局部战争"。英雄的越南人民，并没有被吓倒，被征服，他们奋起反抗，付出了巨大的代价，做出了重大牺牲，终于取得最后胜利。

1964年7月20日，邮电部发行了这套纪念邮票。这一天，正是《日内瓦协议》签字10周年纪念日。这套邮票的发行，充分表达了中国人民对越南人民抗美爱国斗争和统一祖国愿望的支持。图案由国际工会支援越南南方工人和人民委员会提供。其主图为狭长的越南地图，中间被一条红线（北纬17°线）分割。主图上方为东、西两半球的平面图，越南是全球的一部分。而下方则为越南南方民族解放阵线的旗帜，由红蓝两部分和一颗黄五角星组成，象征着各阶层人民紧密团结，共同战斗，为解放南方和统一祖国而奋斗。画面简洁，赋色鲜明，寓意深刻，实为一枚佳作。同日，越南为纪念《日内瓦协议》签订10周年，也发行了一套2枚邮票，其中1枚与我国发行的这枚邮票图案相似，表现了两国的共同理想和愿望。

庆祝阿尔巴尼亚解放二十周年

发行日期：1964.11.29

（纪108）

2-1 （349）中阿友谊　　　　　8分　　600万枚

2-2 （350）胜利属于阿尔巴尼亚　　10分　　200万枚

邮票规格：40 mm × 30 mm

齿孔度数：11×11.5度

整张枚数：50枚

版　别：影写版

设计者：刘硕仁

印刷厂：北京邮票厂

全套面值：0.18元

知识百花园

为纪念阿尔巴尼亚解放20周年，邮电部发行了这套邮票，以2幅画面描绘了中阿友谊和阿尔巴尼亚领袖恩维尔·霍查的形象。

恩维尔·霍查，1908年10月16日生于阿尔巴尼亚纪诺卡斯特。1930年中学毕业后，去法国蒙贝尔亚大学求学，不久因经济困难弃学求职。1936年回国任中学教师，开始与当地共产主义小组取得联系并成为小组的领导人之一。1939年4月，意大利侵占阿尔巴尼亚后，他是当时组织反抗法西斯占领者的首创人之一，在反法西斯的斗争中，曾被侵略者缺席判处死刑。1941年11月，阿尔巴尼亚共产党成立后，他是中央委员会的领导人之一。1942年9月，当选为阿尔巴尼亚民族解放会议主席团委员。1943年任民族解放军总部政治委员。1944年5月，当选为阿尔巴尼亚反法西斯民族解放委员会主席。同年10月，该委员会改组为临时政府后，他任临时政府总理。1946年3月，阿尔巴尼亚人民共和国成立后，任部长会议主席兼外交部部长。1944年3月至1948年10月，任阿尔巴尼亚共产党中央委员会总书记。1948年11月改为劳动党后，他当选为阿尔巴尼亚劳动党中央委员会总书记。从1954年7月起，任中央委员会第一书记。曾荣获"人民英雄""社会主义劳动英雄"称号。1985年4月11日逝世。邮票第二图画面为在阿尔巴尼亚国旗衬托下的霍查头像。

遵义会议三十周年

发行日期：1965.1.31

3-2

3-1

3-3

（纪109）

3-1 （351）决战前夕　　　8分　　　1000万枚

3-2 （352）毛泽东像　　　8分　　　1000万枚

3-3 （353）娄山关大捷　　8分　　　1000万枚

邮票规格：（1、3图）54 mm×40 mm；（2图）30 mm×40 mm

齿孔度数：（1、3图）11度；（2图）11.5×11度

整张枚数：（1、3图）35枚；（2图）50枚

版　　别：影写版

设计者：刘硕仁

印刷厂：北京邮票厂

全套面值：0.24元

知识百花园

第五次反"围剿"失败以后，中央根据地红军突围转移，1934年10月开始长征。1935年1月7日，攻克黔北重镇遵义。1月15日至17日，中共中央在遵义召开了政治局扩大会议，事实上确立了以毛泽东在中央的领导地位，这便是著名的"遵义会议"。为纪念这次具有伟大历史意义的会议，邮电部于1960年1月25日，曾发行了《遵义会议二十五周年》纪念邮票。为纪念遵义会议30周年，再次发行纪念邮票。

邮票解析

图3-1【决战前夕】邮票画面即依据中国人民革命军事博物馆高虹创作的油画《决战前夕》进行设计的。形象地描绘了中共中央在1948年3月21日从陕北向华北转移之前，毛泽东在陕北的窑洞中，胸怀全局，运筹帷幄，进行战略决战决策时的统帅形象。原画曾在1983年参加了法国巴黎举行的春季沙龙画展，现陈列在中国人民革命军事博物馆解放战争馆内。用解放战争后期的"决战前夕"，作为纪念遵义会议的邮票内容，是在阐述这样一个命题，即中国革命的一切胜利，都是以遵义会议上确立了毛泽东在全党的领导地位为前提。

图3-2【毛泽东像】1934年12月12日，党中央在湖南通道召开紧急会议，毛泽

东力主放弃和红二、红六军团会合的原定计划，改向敌军力量薄弱的贵州西进。12月18日，中央政治局黎平会议，接受了毛泽东的这一建议，至此，红军开始转危为安，并为遵义会议的召开做了准备。黎平会议之后，红军经贵州腹地向黔北挺进，毛泽东等继续在中央领导层做工作。12月底。红军占领乌江边的猴场。1935年元旦，中央政治局在这里举行会议，多数人反对博古、李德坚持不过乌江，要回头和红二、六军团会合的错误主张。会议通过了《中央政治局关于渡江后新的行动方针的决定》，解除了李德、博古的最高军事指挥权。1月15日至17日召开了遵义会议，确定了毛泽东的领导地位，从此，才挽救了红军，挽救了革命，最后取得了伟大的胜利。邮票画面即再一次展示了这位世纪伟人的丰采。

图3-3【娄山关大捷】娄山关又叫娄关、太平关。位于贵州遵义市播州区大娄山中。从四川南部进入贵州北部的遵义，娄山关是必经之路，有川黔公路通过。娄山关雄踞娄山山脉的最高峰，周围山峰，峰峰如剑，万丈矗立，插入云霄。中间是十步一弯，八步一拐的公路，两旁全是悬崖峭壁。实为"一夫当关，万夫莫开"之重地。所以，娄山关历来为兵家所必争，明万历二十八年（1600）的平播

毛泽东像

之役，清咸丰、同治年间的黔北农民起义，都曾以首占娄山关为优势。遵义会议后，红军挥师北上，准备从泸州和宜宾之间渡过长江，但因蒋介石在那里集结了重兵，我军改变计划，占领威信之后，突然掉头东进，于1935年2月18日再渡赤水河，拿下桐梓。2月25日清晨红军从桐梓出发，准备攻取娄山关，重占遵义。敌军王家烈部扼守娄山关，他们把娄山关中间的大路用火力封锁住。我军便改道从侧面迂回到敌人后背，夺取了可以控制娄山关的点金山，经过一场激战，当天晚上攻下娄山关。第二天清晨，王家烈又进行一次反扑。组织六次冲锋，妄想夺回娄山关，均以失败而告终。当晚，我军乘胜向遵义挺进。这一仗歼敌吴奇伟2个师的大部和王家烈的8个团，取得了红军长征以来的第一个大胜利。毛泽东为此写成一首慷慨悲壮，表现红军顶天立地英雄气概的词《忆秦娥·娄山关》，描绘了一幅紧张激烈、威武雄壮的战斗场面。邮票画面即依据中国人民革命军事博物馆彭彬创作的油画《雄关漫道真如铁，而今迈步从头越》进行设计的。生动地描绘了红军夺下娄山关后，毛泽东和他的战友们纵横驰骋，指点江山，踌躇满志的英雄形象。

娄山关

娄山关

娄山关

纪念抗日战争胜利二十周年

发行日期：1965.9.3

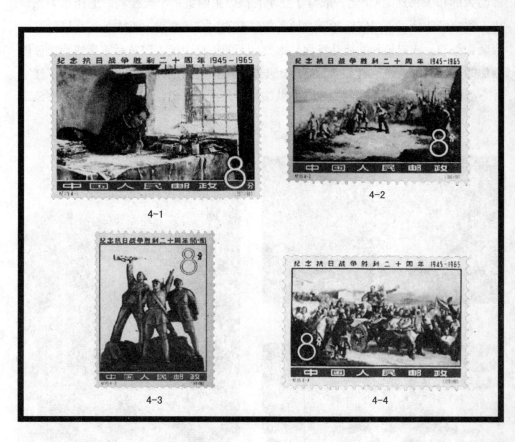

4-1

4-2

4-3

4-4

（纪115）

4-1　（367）毛主席在著作　　　8分　　800万枚

4-2　（368）八路军东渡黄河　　8分　　500万枚

4-3　（369）人民战争胜利　　　8分　　500万枚

4-4　（370）光荣参军　　　　　8分　　500万枚

邮票规格：（1图）54 mm×40 mm；（2、4图）40 mm×30 mm；（3图）30 mm×40 mm

齿孔度数：（1图）11度；（2、3图）11×11.5度；（3图）11.5×11度

整张枚数：（1图）35枚；（2、3、4图）50枚

版　　别：影写版

设计者：卢天骄

印刷厂：北京邮票厂

全套面值：0.32元

知识百花园

中国人民经过八年全面抗战，承受了巨大的民族牺牲，在国际反法西斯力量的共同参与下，终于打败了凶恶的日本侵略者。1945年8月15日，日本被迫宣布无条件投降，中国人民的抗日战争以胜利而告终。这套邮票以4幅画面再现了那段历史，表现了在中国共产党和毛泽东的领导下，抗日军民的胜利和成功。

邮票解析

图4-1【毛主席在著作】邮票画面依据中国人民革命军事博物馆画家何孔德创作的同名油画进行设计，描绘了毛泽东在陕北窑洞中写作的情景。红军长征到达陕北后，毛泽东集中精力总结革命斗争经验。于1936年12月，写完重要军事著作《中国革命战争的战略问题》后，又在1937年7月至8月，完成了《唯物辩证法提纲》这部重要哲学著作。尤其是《实践论》和《矛盾论》两部文献，总结了党的历史经验和教训，深刻地论述和丰富了马克思主义的认识论和辩证法，为中国共产党人提出了正确的思想路线、领导方法和工作方法。抗日战争全面爆发后，为了领导全民族

的抗日救国战争步步深入和节节胜利，毛泽东又不失时机地提出斗争的基本路线、方针、原则和策略，写出了大量重要文献，如：《反对日本进攻的方针、办法和前途》《上海太原失陷以后抗日战争的形势和任务》《抗日游击战争的战略问题》《论持久战》《中国共产党在民族战争中的地位》《新民主主义论》《抗日根据地的政权问题》《改造我们的学习》《在延安文艺座谈会上的讲话》《抗日时期的经济问题和财政问题》《组织起来》《论联合政府》《对日寇的最后一战》等，武装了抗战军民的头脑，指引了战败日寇的正确道路，是马列主义普遍原理与中国革命实践相结合的光辉范例。

图4-2【八路军东渡黄河】邮票画面依据画家彦涵创作的同名油画进行设计，描绘了在民族危亡的关键时刻，八路军官兵奉命东渡黄河，开赴抗日疆场，受到人民群众热烈欢迎的情景。这幅《八路军东渡黄河》油画，于1957年8月10日为纪念"中国人民解放军建军三十周年"时，已被设计过邮票，即纪41第三图。这次是再版。但两幅画面略有不同，如：画面右侧的八路军战士跪蹲接受老乡递水的场面，以及画面左侧黄河上民兵手持的红缨枪，在这枚邮票的画面上都不见了；还有中间山下欢腾的人群也不尽相同等。但依然表现了中国共产党领导的八路军积极抗日，备受人民拥护的主题。

图4-3【人民战争胜利】邮票画面依据中央美术学院附设雕塑创作室创作的同名塑像作品进行设计，刻画了抗日军民胜利的喜悦和战斗的豪情。抗日战争从卢沟桥事变到武汉失守的一年多时间，是日寇实行战略进攻，中国处于战略防御阶段。这一阶段，中国共产党领导八路军、新四军和其他人民武装挺进敌后，发动广大群众，开展广泛的游击战争，创立了十几块敌后抗日根据地，八路军发展到156000多人。新四军发展到25000多人，抗日根据地的人口达到5000万人以上。中国共产党领导的敌后游击战争的胜利发展和敌后抗日根据地的建立，有力地打击了敌人，粉碎了日本帝国主义企图在短期内灭亡中国的梦想。抗日战争进入相持阶段以后，日本侵略军把正面战场的兵力转移到我军的敌后抗日根据地，把进攻重点放到我解放区，从1938年底到1940年初的两年中，解放区军民多次粉碎日寇的围攻和"扫荡"，到1940年7月，抗战3周年时，共产党领导的军队已由3年前的4万人发展到近50万人，民兵发展到200万人，全国的根据地和游击区的总人口将近1亿人。在广大敌后战场，人民军队抗击了半数以上的侵华日军和几乎全部的伪军，敌后战场已成

为抗战的主要战场，抗日战争已发展成为伟大的人民革命战争。在抗战转入大反攻的时刻，毛泽东于1945年8月9日发表了《对日寇的最后一战》的檄文，朱德总司令于10日、11日连续发布7道命令，各解放区军民立即向日伪军发起猛烈的全面进攻。在8月11日至10月10日的两个月激战中，共毙、伤、俘日伪军23万余人，收复城市197座和国土31.5万多平方千米，解放人口1 800多万，最终赢得了抗日战争的伟大胜利。

图4-4【光荣参军】邮票画面依据画家王式廓创作的同名油画进行设计。描绘了广大人民群众欢送自己的亲人踊跃参军，投身到抗日队伍中去的情景。1945年春，毛泽东在党的"七大"所作的《论联合政府》报告中强调指出，要打败日寇，解放全中国，建立一个新民主主义的中国，其根本途径就在于放手发动群众，壮大人民力量。发动群众，壮大人民力量，主要是发动农民。因为占全国人口80%的农民是中国革命最基本的力量。只有发动农民，才能使无产阶级获得最广大的同盟军，才能发展和壮大人民军队，巩固和扩大解放区。还必须广泛地团结一切可能团结的力量，以最大限度地孤立敌人。中国共产党正是实行了这样一条路线、方针和政策，才得到了广大人民群众的支持和拥护，出现了"母亲叫儿打东洋，妻子送郎上战场"的动人景象。抗战八年，人民军队的主力发展到120万人，民兵达到220万人，解放区面积近100万平方千米，人口达1.3亿，为战后彻底打败美蒋反动派，夺取新民主主义革命在全国的胜利，打下了坚实的基础。

支持越南人民抗美爱国正义斗争

发行日期：1965.9.2

（纪117）

4-1 （382）打击侵略者　　　　8分　　　400万枚

4-2 （383）缴获　　　　　　　8分　　　400万枚

4-3 （384）胜利　　　　　　　8分　　　400万枚

4-4 （385）各国人民的支持　　8分　　　400万枚

邮票规格：（1、2、3图）30 mm×40 mm；（4图）52 mm×31 mm

齿孔度数：（1、2、3图）11.5×11度；（4图）11.5度

整张枚数：50枚

版　别：影写版

设计者：万维生、邵柏林

印刷厂：北京邮票厂

全套面值：0.32元

知识百花园

1965年9月2日为越南民主共和国成立20周年纪念日，邮电部发行了这套纪念邮票。以4幅画面反映了越南人民抗美救国战争的胜利形势，描绘了全世界爱好和平的人民对英雄的越南人民的支持。

邮票解析

图4-1【打击侵略者】邮票画面依据南京艺术学院冯一鸣创作的一幅同名宣传画进行设计。刻画了一位越南南方解放军战士用机枪横扫敌人的场面。

图4-2【缴获】邮票画面依据周瑞庄创作的一幅同名宣传画进行设计。刻画了越南南方解放军战士打扫战场的场面。

图4-3【胜利】邮票画面依据何孔德创作的一幅同名宣传画进行设计。刻画了越南南方解放军战士击落敌机的胜利场面。

图4-4【各国人民的支持】邮票画面描绘了越南南方解放军战士和民兵在各国人民的簇拥下，勇往直前的场面。

支持英雄的古巴

发行日期：1962.7.10

3-1

3-2

3-3

（特51）

3-1	（256）英雄的古巴	8分	800万枚
3-2	（257）土地的主人	10分	400万枚
3-3	（258）保卫祖国	22分	100万枚

邮票规格：40 mm×30 mm

齿孔度数：11×11.5度

整张枚数：50枚

版　别：影写版

设计者：卢天骄

印刷厂：北京邮票厂

全套面值：0.40元

知识百花园

　　古巴位于加勒比海，北距美国的佛罗里达州180千米，东距海地77千米，是西印度群岛中最大的岛。古巴共和国由古巴主岛、松树岛及围绕主岛的1000多个岛屿组成，面积114500平方千米。没有大的河流和湖泊。主要山脉有埃斯特腊山，在奥连特省，其主峰图尔基诺海拔1960米。为亚热带气候，全年平均温度23摄氏度。1511年，西班牙殖民者开始侵入古巴。

　　19世纪中叶起，古巴人民不断进行争取独立的斗争。1902年5月20日成立古巴共和国，美军撤出古巴，但1903年又强租古巴海军基地两处。1906年至1922年，美国曾3次出兵干涉古巴内政，进一步把持了古巴的财政和经济。

　　在卡斯特罗领导下，古巴革命武装于1959年1月1日推翻了美国扶持的巴蒂斯塔独裁政权，建立了临时政府。

　　革命胜利后，古巴政府实行一系列社会改革措施，在农村先后进行多次土地改革，没收巴蒂斯塔分子的财产，在城市打击美国垄断资本控制，维护民族利益，把美资公司和私营银行全部收归国有。

　　1961年1月，美国同古巴断交，同年4月17日，1000多名美国雇佣兵在美机、美舰掩护下在古巴吉隆滩登陆，对古巴进行武装侵略，失败后，便开始对古巴实行经济封锁。

　　1961年4月18日，中国政府发表声明，坚决支持古巴人民的正义斗争。4月21日，首都北京60万人举行了声势浩大的示威游行，支持和声援古巴人民的正义斗争。为表达中国政府和人民对古巴正义事业的支持，邮电部发行《支持古巴》特种邮票一套。

邮票解析

图3-1【英雄的古巴】古巴人民为保卫祖国，反抗美国侵略、干涉、封锁和颠覆而进行的英勇顽强的斗争从未间断。

邮票画面即描绘一位古巴人民战士，在革命旗帜的指引下，紧握枪杆，目视前方，捍卫祖国的高大形象，表现了古巴神圣领土和主权的不可侵犯。

图3-2【土地的主人】古巴的蔗糖产量占世界第一位，在国民经济生产总产值中占25%，在出口总值中占80%。蔗糖生产是国家的主要工业，甘蔗在全国分布面积约占全国耕地的一半左右。

邮票画面即是一位古巴农民在甘蔗林中进行收获的情景。

图3-3【保卫祖国】古巴革命胜利后，不仅建立了约20万人的陆、海、空三军武装部队，而且实行了全民皆兵的政策。1960年颁布了《革命民兵条例》，普遍建立民兵组织，1962年已有民兵约100万人。

1961年4月17日，美国雇佣军在吉隆滩入侵，民兵配合正规部队粉碎了敌人的进攻，取得了保卫祖国的伟大胜利，显示了民兵组织的作用。邮票画面即描绘了古巴男女民兵的英姿。

支持阿尔及利亚民族解放斗争

发行日期：1962.7.10

（特52）

2-1 （259）火炬及阿尔及利亚地图　　8分　　800万枚

2-2 （260）阿尔及利亚民族解放斗争　22分　　100万枚

邮票规格：30 mm×40 mm

齿孔度数：11.5×11度

整张枚数：50枚

版　别：影写版

设计者：孙传哲

印刷厂：北京邮票厂

全套面值：0.30元

知识百花园

阿尔及利亚位于非洲北部，濒地中海，海岸线长约1200千米，面积238万多平方千米。主要山脉有沿海的特尔阿特拉斯山脉和南部的撒哈拉阿特拉斯山脉，两山之间是高原地区，为畜牧地带，有许多咸水湖，最大河流为歇利夫河。沿海地带属地中海气候，冬暖且湿；高原是半干燥气候，向南逐渐转为大陆性气候；撒哈拉沙漠地区气候干燥，夏季酷热。在古代，阿尔及利亚地区居住着柏伯尔人。公元前2世纪沦为罗马的行省。公元7世纪，阿拉伯人进入，柏伯尔人逐渐被同化，有的退居山区，但仍保持原有的民族特点。13世纪时，阿尔及利亚曾建立查亚尼国。15世纪，西班牙和土耳其先后侵入。1830年法国侵入，到1905年法军占领撒哈拉地区以后，阿尔及利亚全部沦为法国殖民地。一个多世纪以来，阿尔及利亚人民一直为争取民族独立进行英勇的斗争，先后爆发武装起义达50多次。1954年11月1日，阿尔及利亚人民在阿尔及利亚民族解放阵线领导下，在奥雷斯山区等地举行武装起义。1958年9月19日，在开罗成立了阿尔及利亚共和国临时政府。阿尔及利亚人民经过7年多的武装斗争，终于迫使法国在1962年3月18日同阿尔及利亚临时政府签订了《埃维昂协议》，同意实行停火和举行公民自决投票。7月3日正式宣告独立。9月25日，阿尔及利亚制宪议会宣布国名为阿尔及利亚民主人民共和国，并规定7月5日为独立日，11月1日为国庆日。独立后，阿尔及利亚政府在维护民族独立和国家主权、发展民族经济和民族文化等方面采取了一系列重大措施。收回了外国殖民者占有的数百万公顷土地，把外国资本经营的一些矿产、企业、银行、铁路收归国有，管制对外贸易，利用国家资金与外资合营建设新的工厂，收回法国在阿尔及利亚的所有军事基地，开展"阿拉伯化"运动，发展民族文化和教育事业，培养自己的干部和技术力量等，从而，使国家走上了民族独立和发展经济的轨道。

为表达中国政府和人民对阿尔及利亚的支持，邮电部发行《支持阿尔及利亚民族解放斗争》特种邮票1套。

图2-1【火炬及阿尔及利亚地图】中国人民积极支持阿尔及利亚人民争取民族解放的武装斗争，强调武装斗争是解放阿尔及利亚和被占领土的唯一道路。中国在1958年9月22日，正式承认阿尔及利亚临时政府，同年12月20日，两国发表建交公报。1962年7月3日，中国宣布承认阿尔及利亚共和国。邮票画面以火炬和地图，表现阿尔及利亚国土上蓬勃发展着的民族解放运动。

图2-2【阿尔及利亚民族解放斗争】阿尔及利亚人民一直进行着反抗法国殖民统治的斗争。1954年11月1日，在团结与行动革命委员会领导下，举行了反法大起义，组织了民族解放军。同时，"团结与行动革命委员会"改组为"民族解放阵线"，领导武装斗争。起义很快蔓延开来，成为声势浩大的全民解放运动。

法国为维持其殖民统治，不断派兵镇压。法国在阿尔及利亚的军队由5万人，增至60多万人。1956年7月1日，阿尔及利亚共产党领导的"解放战士"并入了民族解放军，这支军队已从起义时的3000人增加到13万人，并且解放了2/3以上的国土，在不少地区建立了政权。阿尔及利亚人民于1958年9月19日宣告阿尔及利亚共和国诞生和阿尔及利亚共和国临时政府成立。这是阿尔及利亚民族独立运动走上胜利道路上的一个里程碑，标志着这个斗争已经步入了一个新的阶段。由于民族解放军的英勇战斗，不断给法国侵略军以重创，终于迫使法国坐到谈判桌前，同阿尔及利亚临时政府签订了实行停火和公民自决投票的《埃维昂协议》，使阿尔及利亚获得了独立和解放。

邮票画面以怒吼的民族解放军战士正在发起冲锋的形象，来表现阿尔及利亚民族解放斗争的滚滚巨浪，终于使国旗在自己的国土上高高飘扬。

中国人民解放军

发行日期：1965.8.1

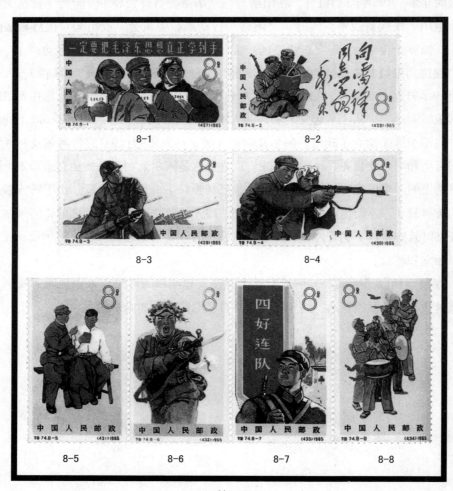

8-1　　　　　　8-2

8-3　　　　　　8-4

8-5　　　8-6　　　8-7　　　8-8

（特74）

8-1 （427）一定要把毛泽东思想真正学到手　　　　8分　　600万枚

8-2 （428）五好战士　　　　　　　　　　　　　　8分　　600万枚

8-3 （429）时刻准备消灭胆敢进犯的敌人　　　　　8分　　600万枚

8-4 （430）军民互助练武　　　　　　　　　　　　8分　　600万枚

8-5 （431）团结友爱　　　　　　　　　　　　　　8分　　600万枚

8-6 （432）练好过硬本领　　　　　　　　　　　　8分　　600万枚

8-7 （433）四好连队　　　　　　　　　　　　　　8分　　600万枚

8-8 （434）宣传鼓动　　　　　　　　　　　　　　8分　　600万枚

邮票规格：（1～4图）42 mm×31 mm；（5～8图）31 mm×52 mm

齿孔度数：11.5度

整张枚数：40枚

版　　别：影写版

设计者：万维生

原画作者：华克雄、谢光年、胡今叶、陈其康、赵光涛、王文涛

印刷厂：北京邮票厂

全套面值：0.64元

邮票解析

图8-1【一定要把毛泽东思想真正学到手】邮票画面为陆、海、空三军战士怀抱《毛泽东文选》的形象，其通栏横额为"一定要把毛泽东思想真正学到手"。

图8-2【五好战士】邮票画面为毛泽东"向雷锋同志学习"的题词和两名整装荷枪、肩挎书包的解放军战士，正在学习《雷锋日记》的情景。

图8-3【时刻准备消灭胆敢进犯的敌人】邮票画面为我军炮兵部队装弹手正准备装弹随时歼灭来犯之敌的情景。

图8-4【军民互助练武】邮票画面为解放军战士指导民兵练习射击的情景。

图8-5【团结友爱】中国人民解放军有上下一致，官兵一致的优良传统。邮票画面以部队干部为新战士缝新领章，表现了官兵之间团结友爱的情景。

图8-6【练好过硬本领】邮票画面为战士苦练拼刺刀的情景。

图8-7【四好连队】邮票画面为"四好连队"的战士。

图8-8【宣传鼓动】部队文艺宣传工作，是政治工作的重要组成部分，无论是战争年代，还是和平时期，均发挥着显著作用。

邮票画面为一支战士文艺宣传队敲锣打鼓进行宣传鼓动工作的情景。

严惩入侵之敌

发行日期：1970.11.1

1-1

（编7）

1-1 严惩入侵之敌　　　4分　　　1400万枚

邮票规格：42 mm×34 mm

齿孔度数：10度、11.5度、11.5×10度、10×11.5度

整张枚数：100枚

版　别：胶版

设计者：许彦博

印刷厂：北京邮票厂

全套面值：0.04元

1969年3月2日、15日、17日，中国边防部队在中苏边境的中国领土珍宝岛进行了反击苏联武装入侵的战斗，称为"珍宝岛自卫反击战"。

中苏之间的边界问题起源于沙皇俄国对中国签订的不平等条约，沙俄通过这些条约从中国割去了150多万平方千米的领土。此外，沙俄和苏联还在许多地区越过了条约规定的界线，又霸占了中国大片领土。后来，苏联还把一些一直在中国政府管辖之下的中国领土划入苏联版图。苏联超越边界条约规定侵占的和在地图上划过去的我国领土共有3.5万平方千米，这就是中苏两国存在的有争议的边界问题。从赫鲁晓夫时期起，由于苏联方面推行霸权主义的扩张政策，中苏边界出现冲突。1964年10月勃列日涅夫上台后，在全长7000千米的中苏边界上增派重兵，利用苏蒙具有军事同盟性质的条约，派大量军队进驻中蒙边界，从赫鲁晓夫时期的十几个师增加到40多个师。苏联边界增兵百万，对中国边界的武装挑衅明显增加，边界现状不断遭到破坏。1967年以后，苏方在边界制造的流血事件日渐增多。1969年3月苏联边防军侵入我珍宝岛地区，制造了极为严重的边界流血事件。

珍宝岛及其附近的卡脖子岛和七里沁岛均位于乌苏里江主航道中心线中国一侧。这些岛屿历来是中国的领土，属黑龙江省虎林市管辖，一直有中国边防军巡逻，有中国居民在岛上从事生产活动。1969年3月2日晨，苏联边防军出动70余人，装甲车2辆，卡车和指挥车各1辆，从下米海洛夫卡和库列比亚克依内两个方向悍然入侵我珍宝岛地区，袭击我正在执行巡逻任务的边防战士，开枪打死打伤我边防战士多人。我边防人员在忍无可忍的情况下，被迫自卫还击，经一小时左右战斗，给入侵者以歼灭性打击。3月6日，我国外交部照会苏联驻华大使馆，就苏联边防军这一挑衅事件向苏联政府提出最强烈的抗议。3月4日至12日，苏军又出动边防军用飞机，连续入侵我珍宝岛地区。3月13日，我国外交部再次照会苏联大使馆，强烈抗议苏军的侵略行动。3月15日，苏军坦克20余辆，装甲车30余辆，步兵200余人，在飞机掩护下，再次入侵我珍宝岛地区，并向中国岸上纵深炮击，我守岛军民不畏强暴，奋起还击，历经9小时，打退苏军3次攻击，再次给其以应有的惩罚。同日，外交部照会苏联大使馆，对苏方制造的野蛮流血事件提出强烈抗议。3月16日，苏军登陆收尸，我军按照"有理、有利、有节"的原则，严密监视，未予出击。3月

17日，苏军又先后出动坦克3辆，步兵100余人，在猛烈炮火掩护下，再一次向我进攻，我军以前沿和纵深的炮火，对登岛的苏军予以猛烈的还击，毙伤入侵者一部分，其余仓皇窜回。

珍宝岛事件发生后，我国外交部三次向苏联政府提出强烈抗议。中国政府坚决要求苏联政府惩办肇事凶手，立即停止这一侵略行径，保留要求苏方赔偿我方一切损失的权利。并警告苏联政府，中国领土决不容侵犯，如其一意孤行，继续挑起边界武装冲突，必将遭到中国人民的坚决回击，由此产生的一切严重后果，只能由苏联政府承担全部责任。这一事件使中苏关系进一步恶化，并加重了中国共产党内对战争危险的估计。此后，中国开始抓紧备战。

1969年5月，中国政府发表声明，再次合情合理地提出中国方面解决边界问题的主张。9月11日，苏联部长会议主席柯西金路过中国，两国总理在北京机场就边界问题达成谅解和协议，其主要内容是：举行两国副外长级边界谈判，以条约为基础解决边界问题，为保证谈判在不受任何威胁下进行，中苏双方首先就维持边界现状，避免武装冲突，双方武装人员在争议地区脱离接触的临时措施达成协议。10月20日，中苏双方再次举行边界谈判，苏方代表既不承认沙俄强加于中国的边界条约的不平等性质，又不同意以这些条约作为解决中苏边界问题的唯一基础，甚至根本否认两国总理在北京机场会见时达成的谅解和协议，拒不承认中苏边界存在争议地区，致使谈判毫无结果，两国边界问题长期不能解决。但在珍宝岛自卫反击战中，我国边防军民却义无反顾，同仇敌忾，奋起还击，粉碎了苏军的多次入侵，捍卫了祖国神圣领土和尊严。

为宣传珍宝岛自卫反击战的胜利，发扬敢于斗争，敢于胜利的精神，交通运输部、邮政总局发行了这套邮票。画面描绘了中苏边界武装冲突的战斗场面，展示我国边防军手持武器，严阵以待的英勇姿态。

台湾省人民"二·二八"起义三十周年

发行日期：1977.2.28

（J14）

2-1 台湾省人民"二·二八"起义   8分   500万枚

2-2 台湾一定要解放，祖国一定要统一   10分   500万枚

邮票规格：40 mm×30 mm

齿孔度数：11×11.5度

整张枚数：50枚

版　　别：影写版
设计者：卢天骄
印刷厂：北京邮票厂
全套面值：0.18元

1945年8月15日，日本宣布无条件投降，台湾人民从日本帝国主义长达50年之久的奴役中解放了出来，但是，随之而来的蒋介石反动集团，又在岛上建立起法西斯统治，对台湾人民进行了残酷的剥削和压迫。与此同时，美帝国主义也介入宝岛，进行疯狂的掠夺和控制。台湾人民面对着这双重灾难，抑制不住满腔的愤怒和仇恨，爆发了声势浩大的"二·二八"起义。

1947年2月27日，国民党台湾"烟酒专卖局"查缉员在查缉私烟时，无理没收小贩林家迈的所谓的"私烟"，并将林蛮横打伤，还开枪打死围观责问的过路群众一人，从而点燃了群众心中压抑已久的怒火。当天，台北市民举行罢市，并向伪警察局和宪兵团请愿，要求严惩凶手、赔偿损失、取消专卖局，不得结果。

28日，台北人民群众游行示威，又被枪杀3人，伤3人，激起了全省人民的更大愤怒，爆发了大规模的武装起义，短短几天之内起义群众就控制了台湾大部分地区。

国民党反动政府玩弄两面手法，一面组织所谓的"处理委员会"欺骗人民，一面从大陆调集大批军队进行武力镇压，从3月8日起，在全岛进行大逮捕、大屠杀，群众被杀达3万多人，到13日起义失败。

这次起义是一场轰轰烈烈的爱国民主运动，直接配合了当时祖国大陆的解放事业。

图2-1【台湾省人民"二·二八"起义】邮票画面以台湾宝岛的椰林和群山为背景，描绘了愤怒的台湾地区各族人民，拿起刀枪，奋起反抗的情景。

画面中心，为一本毛泽东的著作《迎接中国革命的新高潮》。这篇文章是毛泽东在解放战争中，于1947年2月1日为中共中央起草的党内指示，作为全党同志的行动纲领，共12条。

他说："目前各方面情况显示，中国时局将要发展到一个新的阶段。这个新的阶段，即是全国范围的反帝反封建斗争发展到新的人民大革命的阶段。现在是它的前夜。我党的任务是为争取这一高潮的到来及其胜利而斗争。"

又说："解放区人民解放军的胜利和蒋管区人民运动的发展，预示着中国新的反帝、反封建斗争的人民大革命毫无疑义地将要到来，并可能取得胜利。"

毛泽东对当时形势的科学论断和正确分析，已由台湾人民的这次武装起义得到证实，这也就是"二·二八"起义的价值所在。

图2-2【台湾一定要解放，祖国一定要统一】半个多世纪以来，海峡两岸的人民盼统一，然而，统一祖国，形势复杂，问题尚多，阻碍亦大。

但天下"分久必合"的大势已定，中华儿女盼统一的民意不可违。

邮票画面描绘了台湾各族人民，怒视美蒋反动派，前有红旗作引导，后有雄伟的天安门及浩浩荡荡的游行人流作后盾，表达了祖国一定要统一的坚定信念和必然结局。

中国人民解放军建军五十周年

发行日期：1977.8.1

5-1

5-2

5-3

5-4

5-5

（J20）

认识邮票中的军事故事

5-1 加速我军革命化现代化建设	8分	1000万枚
5-2 井冈山军旗红	8分	1000万枚
5-3 游击健儿勇	8分	1000万枚
5-4 雄师过大江	8分	1000万枚
5-5 钢铁长城	8分	1000万枚

邮票规格：31 mm×38.5 mm

齿孔度数：11.5度

整张枚数：50枚

版　别：影写版

设计者：张克让、李印清

印刷厂：北京邮票厂

全套面值：0.40元

知识百花园

中国人民解放军自从创建以来，一直是在中国共产党领导下的中国人民进行革命和建设的坚强支柱。值此建军50周年之际，邮电部发行了这套纪念邮票。

以5幅图案回顾了中国人民解放军的这支革命军队光荣的历史，同时，展现了它的光辉前景和巨大作用。

邮票解析

图5-1【加速我军革命化现代化建设】人民军队建设的主要矛盾，是现代战争的客观需要同我军现代化水平还比较低的矛盾，这就决定了我军建设必须以现代化为中心。武器装备的现代化，是军队现代化的主要标志。现在，一大批新型的火炮、坦克、步兵战车、飞机、舰艇、各种类型的导弹和一些新型电子、通信、工程、防化等装备器材，已经装备和即将装备部队。我军的火力、突击力、机动力、防护力和快速反应能力，都有较大的加强。

在战略核武器方面，有了中、远程导弹武器，向太平洋发射实用通信卫星、潜艇水下发射运载火箭等，使我军具有了战略核反击能力。但仍然要多研制，多搞技术储备，并要加强训练，办好院校，培养大批适应现代化战争需要的指挥、管理和技术军官以及各类专业人才，实行精兵政策，加速做到机构精干，精兵合成，平战结合，增强效能，指挥灵便，提高战斗力。

这样一支军队，在保卫和建设伟大的社会主义祖国，完成祖国统一大业，维护世界和平中定将发挥重大作用做出新的贡献。邮票画面描绘了中国人民解放军陆、海、空三军勇士，在毛泽东理论的旗帜下，乘胜前进的情景。

图5-2【井冈山军旗红】1928年4月下旬，朱德、陈毅率领南昌起义余部和湘南农军，同早在1927年10月已先行到达井冈山的毛泽东率领的秋收起义部队，在宁冈砻市胜利会师。5月4日，成立了工农革命军第四军（随后改为红四军），朱德任军长，毛泽东任党代表兼军委书记。邮票画面描绘了井冈山上红军战士和游击队员的英雄形象，征尘猎猎，红旗飘飘，表现了革命根据地的斗争洪流势不可当。只是画面上的这面军旗设计有误，据考证，如表现的时间为1930年4月至1933年3月，则军旗的锤子应改为斧头；如为1933年4月至1937年8月，则军旗上的五角星应缀在旗的左上方，而不是和镰刀锤子一起置于军旗中央。

图5-3【游击健儿勇】抗日战争爆发后，党中央确定了实行独立自主的山地游击战的战略方针，执行发动群众，开展游击战的任务，实行由正规战到游击战的战略转变。对此，当时党内外有些人认识不足，轻视游击战争的战略作用，把希望寄托在正规战争上，特别是寄希望于国民党军队的作战上。为了批驳这种观点，提高人们认识，毛泽东于1938年5月写了《抗日游击战争的战略问题》一文，对游击战争的伟大战略作用进行了详细、深刻的阐述。他指出，在中国的抗日战场上，必然出现广大而持久的独立自主的游击战争。这不是一个战术问题，而是一个战略问题。游击战的战略作用有两个方面，一是辅助正规战，二是把自己也变成正规战。游击战争必须依靠人民群众，建立巩固的根据地，这是区别于一切流寇主义的基本点。此文对于当年统一全党的战略思想，进一步开展敌后游击战争，创建和巩固敌后抗日根据地发挥了巨大指导作用。邮票画面描绘了八路军和民兵正出没在青纱帐中，表现了积极开展游击战，狠狠打击日寇的动人场面。

图5-4【雄师过大江】1949年元旦，当国民党的失败已成定局的时候，蒋介石发表文告，提出同中国共产党重开谈判，保存国民党的宪法、法统、军队、政权等"五项条件"，并宣布"引退"，由李宗仁代理总统职务，让他出面谈判，以达到

其阻止人民解放军渡江作战，实现划江而治之目的。毛泽东在1949年为新华社写的新年献词中提出了"将革命进行到底"的行动方针，并于1月5日，写了《评战犯求和》一文，揭露蒋介石假和谈真反共的惯用伎俩。1月14日，又发表了关于时局的声明，郑重提出以消灭一切反动势力为基础的和平谈判八项条件。为了教育和争取中间势力，同时也为了尽可能缩短战争进程，中国共产党派出代表，于4月1日，同国民党代表正式谈判。但一意孤行的国民党南京政府，却拒绝在协定上签字，暴露其和谈之目的是企图拖延人民解放军渡江南进的时间。4月21日，毛泽东、朱德共同签署《向全国进军的命令》，要人民解放军"奋勇前进，坚决、彻底、干净、全部地歼灭中国境内一切敢于抵抗的国民党反动派，解放全国人民，保卫中国领土主权的独立和完整"。与此同时，4月20日晚，渡江战役便正式打响，第二、第三野战军百万雄师，在刘伯承、邓小平、陈毅、粟裕的指挥下，在西起湖口，东至江阴的长达500多千米的战线上，分西、中、东三路，强渡长江天堑，彻底摧毁国民党军所谓"固若金汤"的长江防线。4月23日，人民解放军占领南京，宣告国民党统治的灭亡。邮票画面描绘了人民解放军千帆竞渡，奋勇冲杀的场面，表现了百万雄师摧枯拉朽，势不可当的神威。

图5-5【钢铁长城】中国人民解放军是无产阶级专政的支柱，是社会主义革命和建设事业的钢铁长城。邮票画面描绘了人民解放军战士和民兵一起巡逻的场面，表现了他们像钢铁长城一样，捍卫着国家的主权和人民的安宁。

辛亥革命七十周年

发行日期：1981.10.10

3-1

3-2   3-3

（J68）

3-1 孙中山任临时大总统时的肖像   8分   1089.16万枚

3-2 黄花岗七十二烈士墓   8分   1104.16万枚

3-3 武昌起义后成立的湖北军政府旧址   8分   1037.66万枚

邮票规格：40 mm×30 mm

齿孔度数：11×11.5度

整张枚数：50枚

认识邮票中的军事故事

版　别：影写版

设计者：李印清

印刷厂：北京邮票厂

全套面值：0.24元

知识百花园

辛亥革命是指1911年（辛亥年）爆发的资产阶级领导的旧民主主义革命，这场革命以革命党人杀身成仁、捐躯报国、无私无畏、勇往直前的精神和代价，推翻了清王朝，结束了清代260多年的封建统治，结束了2000多年的帝制。

为纪念这场伟大的革命，1961年邮电部发行了纪90"辛亥革命五十周年"一套2种。值辛亥革命70周年之际，再次发行纪念邮票，以缅怀革命党人伟大的民族精神，激励人民搞好国家的四化建设。

邮票解析

图3-1【孙中山任临时大总统时的肖像】邮票主图为孙中山此时的肖像。并配以孙中山的"世界潮流浩浩荡荡，顺之则昌，逆之则亡"的题词，既表现了中山先生审时度势、顺应潮流、献身革命的精神，也表明了南京政府这一历史过程。

这段题词的来历为：1916年9月5日，孙中山偕同宋庆龄、胡汉民、陈去病等人来到浙江海宁县盐官镇观湖，他们在天风海涛亭上，面对潮水壁立、波涛汹涌、奔腾喧啸、排山倒海的钱江大潮，中山先生未免触景生情，回顾辛亥革命前后的革命历程，感慨万千。潮头过后，在亭中合影留念，并挥毫写下了"当今世界潮流浩浩荡荡，势不可当，顺之则昌，逆之则亡"的著名警句。孙中山一行当晚寄宿在海宁县乙种商业学校，为师生题写了"猛进如潮"的匾额。

以后，他在多次演讲中都说过这样的话："革命者必须应乎世界之潮流，合乎人群之需要。"充分体现出孙中山高瞻远瞩、忧国忧民、革命必胜的决心和立场。

图3-2【黄花岗七十二烈士墓】邮票画面为"黄花岗七十二烈士墓"正面图，它是根据一幅照片设计的。气势磅礴、雄伟壮观、庄严肃穆，令人顿生崇敬和怀念之感。

图3-3【武昌起义后成立的湖北军政府旧址】该旧址位于湖北省武昌阅马场北

端，又称红楼。原是清政府为抵制共和，串演"预备立宪"丑剧，于1909年所建的"湖北省咨议局"大楼。1911年10月10日，武昌起义成功后，即在这座建筑物里成立了革命军政府，颁发了第一道布告，宣布废除清朝帝制，建立"中华民国"，并通电号召各省起义，因此，这是一座具有划时代意义的建筑物。

该楼为砖木结构，共两层，面宽73米，进深42米，门窗制作十分精致。上层顶端正中有教堂式的望楼矗立，颇具西欧古典建筑风格。楼内设有"辛亥革命文物史迹展览"，有许多起义珍贵文物在此陈列。楼的四周环以矮墙，院内花草树木，吐绿含香，瑰丽幽雅，院外塑有孙中山铜像，身着马褂长袍，右手持帽，左手执杖，面南而立，凝视远方，仪态庄重安详。

邮票画面即为湖北军政府旧址，起义门位于中央，楼体建筑左右对称，它是根据一幅照片设计的，完好地表现出这一革命故地，体现出武昌起义推翻帝制的深远意义。

孙中山像银币

湖北军政府旧址外的
孙中山像

湖北军政府旧址

黄花岗七十二烈士墓

黄花岗七十二烈士墓

遵义会议五十周年

发行日期：1985.1.15

2-1

2-2

（J107）

| 2-1 遵义会议 | 8分 | 1786.36万枚 |
| 2-2 红军胜利到达陕北 | 20分 | 1141.51万枚 |

邮票规格：60 mm × 30 mm

齿孔度数：11 × 11.5度

整张枚数：30枚

版　　别：影写版

设计者：陈晓聪

印刷厂：北京邮票厂

全套面值：0.28元

<hr>

知识百花园

邮电部在1960年1月25日发行过"遵义会议25周年"纪念邮票。1965年1月31日又发行过纪109"遵义会议30周年"纪念邮票。过去，对遵义会议的召开日期有过近10种说法，经过考证，其确切日期为1935年1月15日到17日。邮电部再次发行了这套纪念邮票。

<hr>

邮票解析

图2-1【遵义会议】邮票原画为中国革命军事博物馆年青的画家刘向平创作，真实地再现出中国革命历史上这一具有里程碑意义的伟大场面。其中人物从左第二人起至右依次为：张闻天（洛甫）、陈云、邓小平、毛泽东、周恩来、邓发、王稼祥、李德（共产国际派驻中国军事顾问）、朱德、秦邦宪（博古）、何克全（凯丰）、刘少奇。中国革命领袖聚集在这个普普通通的会场里，勇敢地揭露错误，找准了正确的航向。人物刻画厚实丰满，形神皆似。

图2-2【红军胜利到达陕北】邮票原画为中央工艺美术学院已故画家赵域先生创作。以陕北风光为背景，描绘了毛泽东同志率领中国工农红军胜利到达陕北时，受到当地群众热烈欢迎的场面。遵义会议结束了王明"左"倾军事教条主义在党中央的统治，确立了毛泽东在党中央的领导地位，遵义会议精神一传达，全党振奋、全军欢呼。在毛泽东、周恩来、王稼祥和朱德的指挥下，中央红军四渡赤水，巧渡金沙江，强渡大渡河，飞夺泸定桥，甩掉蒋介石几十万大军的围追堵截，终于扭转战局。1936年10月，红一、二、四方面军在甘肃会宁、静宁地区胜利会师。毛泽东总结说："长征是以我们胜利，敌人失败的结果而告结束。"

抗日战争和世界反法西斯战争胜利40周年

发行日期：1985.9.3

2-1

2-2

（J117）

2-1　卢沟桥中国军队奋起抗日　　　　　8分　　　1580.46万枚

2-2　八路军和民兵战斗在长城内外　　　80分　　　1247.26万枚

邮票规格：40 mm×27 mm

齿孔度数：11度

整张枚数：56枚

版　别：影写版

设计者：伍必端

印刷厂：北京邮票厂

全套面值：0.88元

第二次世界大战，中、苏、美、英、法等反法西斯同盟国家战胜了法西斯国家同盟，取得了历史性的伟大胜利，东欧和亚洲的一系列国家脱离了资本主义体系，走上社会主义道路，并形成了当年以苏联为首的社会主义阵营。

如今，40年已经过去，国际形势也发生许多变化，但是，人民没有忘记那场战争，不会忘记那个胜利。邮电部发行这套纪念邮票，表达中国人民对抗日战争和世界反法西斯战争伟大胜利的缅怀，更加珍惜当代的和平生活，投身于四化建设中去。邮票主图均为中央美术学院版画系主任伍必端教授的木刻艺术创作。

邮票解析

图2-1【卢沟桥中国军队奋起抗日】票面主图为日本帝国主义于1937年7月7日向驻守在北平西南宛平县卢沟桥的中国军队发动进攻，国民党第29军官兵奋起反击、英勇杀敌的悲壮场面。

卢沟桥

卢沟晓月

图2-2【八路军和民兵战斗在长城内外】1937年8月25日，根据国共两党的协议，中国工农红军西北主力部队改编为国民革命军第八路军，并设总指挥部编入抗战的战斗序列，朱德任总指挥，彭德怀任副总指挥，叶剑英任参谋长，左权任副参谋长，任弼时任总政治部主任，邓小平任副主任。下辖115师、120师和129师，共4.5万人。改编后，在朱德、彭德怀率领下东渡黄河，开赴华北抗日前线，并先后取得平型关大捷，炮袭阳明堡机场以及长生口、七亘村、黄崖洞、广阳镇等战斗的胜利，有力地打击了日寇的气焰，鼓舞了全国人民的斗志。

邮票画面以万里长城为背景，刻画了八路军和民兵武装力量转战在长城内外的白山黑水之间，并肩战斗，奋勇杀敌的战斗场面。

长城风光

长城风光

中国人民解放军建军六十周年

发行日期：1987.8.1

4-1

4-2

4-3

4-4

（J140）

4-1	军魂	8分	1786.93万枚
4-2	陆军战士	8分	1645.25万枚
4-3	海军战士	10分	987.25万枚
4-4	空军战士	30分	637.37万枚

邮票规格：40 mm × 27 mm

齿孔度数：11度

整张枚数：56枚

版　别：影写版

设计者：刘向平

印刷厂：北京邮票厂

全套面值：0.56元

知识百花园

中国人民解放军已经走过了60年的光辉历程。党的十一届三中全会以后，人民解放军现代化正规化建设进入了新的发展时期，结束了"两条腿、一杆枪"单靠步兵打仗的历史，已组建合成集团军，加强新的技术部队和后备力量建设，逐步形成一个适应现代战争要求，具备整体打击威力的科学、合理的合成体系。如今，人民解放军的武器装备向机械化、自动化、电子化发展，部队的火力、突击力、机动力、防护力和快速反应能力都有了很大提高。

人民解放军100多所指挥和专业技术院校，是培养新型人才的摇篮。全军已培训了各类干部100多万名，军、师、团领导班子的成员，70%以上经过了院校培训。人民解放军的军事训练，使部队的协同作战、组织指挥、快速反应、电子对抗、后勤保障和野战生存等作战能力都有很大增强。60年过去了，中国人民解放军正踏着现代化旋律的节拍，胜利前进。

邮电部发行了这套纪念邮票。第1枚为八一军旗，其他3枚为陆、海、空三军战士的左侧头像，警惕的目光、紧闭的嘴唇、高直的鼻梁、厚实有力的下颏等足以显示出我军战士的勇敢和坚毅。

纪念黄埔军校建校七十周年（J）

发行日期：1994.6.16

（1994-6）

1-1 纪念黄埔军校建校七十周年　　20分　　11996.75万枚

邮票规格：40 mm × 30 mm

齿孔度数：12度

整张枚数：50枚

版　别：胶版

设计者：任宇

印刷厂：辽宁省沈阳邮电印刷厂

全套面值：0.20元

我是小小集邮家丛书

黄埔军校是1924年国民党创办的"陆军军官学校"的简称。因其创建于广州东部的黄埔岛上，故通称"黄埔军校"。它与美国的西点军校、英国的桑赫斯特军校和日本的陆军士官学校，并称为世界四大军事院校。

20世纪20年代的中国，正处于军阀混战、民族危亡的时刻，孙中山先生总结了几十年奋斗的经验教训，毅然改组国民党，提出"联俄、联共、扶助农工"三大政策，实现了国共两党的第一次合作。鉴于过去依靠旧军队进行武装革命而遭到失败的教训，孙中山决心建立新式军队，"创建革命军来挽救中国的危亡"。为此，首先要培养具有革命思想的军官，于是，黄埔军校于1924年6月16日诞生。孙中山先生之所以选择黄埔长洲岛为校址，是因为长洲岛布满要塞，岛上山峦起伏，林木葱郁，

黄埔军校旧址纪念馆

黄埔军校旧址

是控制珠江口和捍卫革命发祥地广州的一道大门。军校最高领导机构是校本部，孙中山先生为校总理，蒋介石为校长，廖仲恺为党代表。校本部之下设政治、教授、训练、管理、军需、军医六部。政治部掌管教育、党务和宣传工作。周恩来于1924年11月曾担任政治部主任。教授部和训练部分别掌握军事科学和术科的教授与训练。叶剑英同志曾任教授部副主任。军校还聘请苏联专家担任军事、政治顾问。学员分入伍生总队、学生队、学生军、高级班、军事教导队5大类。军校教育采取军事与政治并重、理论与实践结合的方针，当时校门口有一副醒目的对联："升官发财请往他处，贪生怕死莫入斯门"，横批是："革命者来"。

　　黄埔军校作为中国历史上第一所革命的军官学校，为国民革命培养造就了大批军事政治人才，国共两党的许多高级将领，均出身于黄埔军校，如我国十大元帅中，就有五位出身黄埔或在黄埔任过职，除叶剑英外，徐向前为黄埔一期，林彪为黄埔四期毕业生，聂荣臻曾任军校政治部秘书兼政治教官，陈毅曾任武汉分校政治部教官。10位大将中，陈赓系黄埔一期，罗瑞卿、许光达系黄埔五期毕业生。其他如左权、陶铸、程子华、黄公略、刘志丹、赵尚志、赵一曼等都出身于黄埔。著名爱国将领侯镜如、郑洞国、宋希濂、李默庵、黄梅兴、戴安澜也都是黄埔毕业生，从1924年建校到1927年，已培养学生2万多人，他们来自全国20多个省，其中还有来自朝鲜、越南、新加坡等国家的爱国青年。

后又在潮州、南宁、长沙、武汉建立了分校，以适应革命形势的发展。黄埔师生积极支援广东的工人运动和农民运动，积极参加反军阀反封建的革命斗争，为统一广东和出师北伐历经百战，功勋卓著。平定了商团叛乱，首次树立了军威。第一次东征，挺进东江，连战皆捷。第二次东征，统一了广东，巩固了广东革命根据地。1927年7月，出师北伐，著名的第四军叶挺独立团，以共产党员和黄埔学生为战斗核心，成为威震天下的北伐先锋。但由于蒋介石发动政变，镇压共产党人，导致国共两党分裂。1928年军校迁至南京，改名为"中央陆军军官学校"，抗战时，

黄埔军校旧址

又迁至成都。当日寇侵略中国，面临民族危亡关头，国共两党黄埔志士以国家民族利益为重，两度携手，共同抗日，丰功伟绩，载入史册。

1984年6月，在黄埔建校60周年时，大陆黄埔同学成立了"黄埔军校同学会"。其宗旨是"发扬黄埔精神，联络同学感情，促进祖国统一，致力振兴中华"，徐向前为会长，聂荣臻为顾问，后改为徐向前为名誉会长，侯镜如为会长。黄埔同学除大陆和台湾外，几乎遍布世界各地。

此套邮票1枚，设计者选取具有高度概括和象征意义的"校门"为主图，不失为最佳选择。这是在中国近代史上名震遐迩的一座大门，民国元老、湖南督军谭延闿先生手书的"陆军军官学校"匾额高悬；大门外侧，两个木制岗亭肃立，门内栅栏中，两棵高大的榕树绿荫匝地。"怒潮澎湃，党旗飞舞，这是革命的黄埔！"这铿锵有力的黄埔校歌，在校园里久久回荡。正是在这座大门里，培育了中华民族的一代英豪，谱写了一曲民主革命、民族解放、国家独立的雄伟乐章。这个校门，令黄埔同学自豪，全中国人民敬仰。

抗日战争及世界反法西斯战争胜利五十周年 (J)

发行日期：1995.9.3

（1995-17）

8-1 "七·七"战火	10分	2594.2万枚
8-2 台儿庄大捷	20分	2934.2万枚
8-3 百团大战	20分	2529.7万枚
8-4 敌后游击队	50分	2611.7万枚
8-5 芒友会师	50分	2606.7万枚
8-6 华侨捐献	60分	2686.7万枚
8-7 台湾光复	100分	2636.7万枚
8-8 伟大胜利	100分	2531.7万枚

邮票规格：40 mm×30 mm

齿孔度数：11×11.5度

整张枚数：50枚

版　别：影写版

设计者：何洁、陈楠、冯小红

印刷厂：北京邮票厂

全套面值：4.10元

知识百花园

中国作为第二次世界大战的主战场，为世界反法西斯战争的胜利，做出3重大贡献，付出了巨大的牺牲。全面抗战长达8年之久，抗击和牵制了日本陆军的2/3以上，钳制了日本军国主义妄图配合德国法西斯突袭苏联的战略意图，推迟了日本南进发动太平洋战争的时间，粉碎了其称霸东方的野心。

8年全面抗战，8枚邮票，构思独特，深合民意。从七七事变，到伟大胜利，展现了这一壮阔历史的主要场景。票面以照片资料取舍加工，以黑白两色对比为主，背景衬以各种色块，有很强的版画风格。

邮票解析

图8-1【"七·七"战火】1936年底，华北重镇北平、天津处在日军包围之中。北平三面受敌，位于平汉路上的卢沟桥是北平外出的唯一门户，也成为日军进

攻北平的必争之地。1937年7月7日夜，驻丰台的日军借口寻找一名在演习中失踪的士兵，无理要求进入宛平县城进行搜查，被中国守军断然拒绝。随后，日军即向宛平县城射击并炮轰卢沟桥，企图占领宛平城，堵住北平的南大门，进而攻占北平。驻扎在宛平的中国守军第29军37师219团官兵，在旅长何基沣、团长吉星文指挥下，奋起还击，于8日夜间夺回了龙王庙、铁路桥等重要据点，随后向八宝山以南、长辛店以北的地区反击。当天，中国共产党即通电全国，号召实行全民族抗战，支援29军。日军在卢沟桥遭到抵抗后，立即向华北增兵，并在航空兵配合下，猛攻中国守军阵地。在激战中，副军长佟麟阁、师长赵登禹壮烈牺牲。7月29日，日军占领了北平。这就是震惊中外的七七事变。卢沟桥抗战的爆发，打响了中国人民全面抗日的第一枪，推动了国共第二次合作，促成了全国一致对外，揭开了中国人民8年抗战的序幕。邮票画面描绘了中国部队严阵以待于卢沟桥头，反击日寇的悲壮场面。

图8-2【台儿庄大捷】1938年1月至6月，中国国民党军队在抗击日军进攻的徐州会战这一战役中，取得的一次重大胜利。1937年12月，日军占领南京后，分兵三路南北夹击军事要地徐州，企图打通津浦线，然后循陇海路西进，取道郑州南下，攻占武汉。中国第5战区司令长官李宗仁指挥12个集团军和军团约60万人，将主力放在徐州以北阻击日军南犯；一部分兵力部署于津浦路南段，阻止日军北进。1938年3月24日，北线日军第10师团沿台枣支线进犯台儿庄（原属山东峄县，现为枣庄市区之一），妄图一举拿下徐州。固守台儿庄的孙连仲部第20军团和诱敌深入的汤恩伯部第2集团军成合围之势，第55军击退了由山东临沂增援的日军第5师团一部，取得了歼灭日军精锐部队2万余人的胜利。这是中国军队抗战以来，在正面战场上的首次大捷，粉碎了日军"速战速决"灭亡中国的狂妄计划，极大地振奋了民族精神，坚定了全国人民抗战到底的决心。邮票画面描绘了中国军队发起冲锋，围歼日军的战斗场面。

图8-3【百团大战】抗日战争时期八路军向日伪军发动的大规模的破袭战役。参战部队由开始时的20多个团迅速猛增到105个团，计有晋察冀军区39个团、第129师46个团、第120师20个团，共40多万人，均由八路军副总司令彭德怀指挥，史称"百团大战"。1940年上半年，日寇在华北加紧推行"肃正建设计划"和以"铁路为主、公路为链、碉堡为锁"分割封锁各抗日根据地的"囚笼政策"。为了粉

碎敌人的这一计划，遏制国内的妥协投降逆流，八路军自1940年8月20日始至12月5日止，向日伪军发动了"百团大战"。整个战役分三个阶段：首先以破坏正太铁路为主，进行交通破袭战；其次继续破袭日军交通线，重点攻占交通线两侧和深入到根据地内部的敌人据点；最后是反击日军的报复"扫荡"。在历时三个半月的战役中，八路军在地方武装和人民群众的有力配合下，共作战1 824次，毙伤敌军约25800余人，俘敌18688人，攻占据点2900个，破坏铁路470余千米，公路1800余千米，缴枪5800余支，缴炮50门，而我八路军也付出了伤亡17000余人的巨大代价。百团大战沉重地打击了日本侵略者的气焰，有力地配合了正面战场作战，提高了中国共产党及其所领导的军队的威望，使蒋介石也不得不"特电嘉奖"。而日本朝野也为之震动，惊呼："对华北应有再认识"。邮票画面描绘了取得破袭战重大胜利的八路军战士，正在长城城头热烈欢呼的场面。

图8-4【敌后游击队】卢沟桥事变后，由于蒋介石的不抵抗政策，正面战场上国民党军队节节败退，丢城失地，到1938年10月，仅一年多时间，北平、天津、上海、南京、武汉、广州就相继陷落，人民饱受灾难。在这危急关头，中共中央在洛川会议上，通过了抗日救国的十大纲领。开辟敌后战场，进行独立自主的游击战争，建立抗日根据地。太原失守后，八路军三大主力逐渐向敌后实行战略转移，在敌占区内开展游击战。115师在晋察冀、120师在晋西北、129师在太行山一带的晋冀鲁豫，都分别创建了抗日根据地。南方8省的游击战也进行了改编。1938年春，新四军挺进长江南北，开辟了皖中、皖北等敌后抗日根据地，在人民群众的支持下，反"扫荡"、反"蚕食"，利用地道战、地雷战、麻雀战等手段打击敌人，从1938年到1941年，共毙伤日军33万余人，并在全国各地先后建立了晋中、晋绥、山东、苏南、苏北、淮南、皖东、东江和琼崖等一大批抗日根据地。敌后游击战的全面开展，牵制了大量敌军，这是抗日战争能从战略防御转入战略相持的一个重要条件。邮票画面描绘了民兵配合正规部队，正在交通要道埋放地雷的场面。

图8-5【芒友会师】为了支援美英盟军对日作战，保卫中国国际交通线滇缅路，根据《中英共同防御滇缅路协定》，1942年2月，应驻缅英军的请求，中国政府组成了由史迪威、罗卓英率领的10万人的中国远征军由云南边境进入缅甸。4月，远征军成功地解救了被日军围困在仁安羌的英军7000人，扬威异域。9月，中国远征军作战失利，大部退回云南怒江东岸，与西岸日军隔江对峙；少部退入印度

组成了驻印军，分别由史迪威、郑洞国任正、副总指挥。这次赴缅作战损失重大，远征军第一路军戴安澜将军在缅北茅邦以身殉国。1943年4月，中国远征军在云南重建。1944年冬，在第二战区司令长官卫立煌率领下，渡过怒江，进行反攻，进入缅北。10月，驻印军增编的新六军，由缅甸的加迈经和平向瑞古、东反进攻；新一军由密支那向八莫、新维、西保进攻，1945年1月，占领芒友，两支中国远征军胜利会师，歼灭了驻缅日军主力，打通了中缅、中印公路，保障了国际援华物资的道路通畅，具有十分重要的意义。邮票画面描绘了中国远征军在异域会师的庄严场面。

图8-6【华侨捐献】 在抗日战争中与祖国骨肉相连、荣辱与共的海外华侨，与祖国同胞一道共赴国难、同仇敌忾、团结一致，共同聚集在抗日救国的旗帜下出财出力，各尽所能；或创办报刊，演出戏剧，为团结抗战奔走呼号；或慷慨解囊，毁家纾难，为抗战捐献出大量财物；或纷纷回国效力参军，浴血奋战。海外华侨在世界各地掀起了波澜壮阔的抗日救国运动，仅在抗战头5年里，华侨向祖国汇款和义捐就达50多亿圆，是国民党军政部长何应钦向国民参政会报告的1939年军费开支18亿圆的3倍。此外，还捐献了大量药品、衣物、粮食以及汽车、飞机、坦克、弹药等军用物资，有力地支持了国内的抗战。其中，陈嘉庚先生担任主席的"南洋华侨筹赈祖国难民总会"，贡献尤为突出，抗战初期15个月，祖国就收到华侨汇款达1亿圆，而80%是该会捐献的。在全国沿海口岸相继沦陷后，国际援华物资只能靠滇缅路输入，当时国内急需司机，陈先生立即组织南洋华侨司机3000多人回国服务。海外侨胞对于抗战的最后胜利功不可没。邮票画面描绘了爱国华侨，慷慨解囊，捐献飞机，支援抗战的场面。

图8-7【台湾光复】 台湾古称夷洲，自古以来便是中国的领土。清康熙二十三年（1684）设台湾府，属福建省台湾厦门道。光绪十一年（1885）设台湾省。1894年，清朝在甲午战争中败北，于1895年4月17日与日本签订了丧权辱国的《马关条约》，割让中国的台湾全岛及所有附属岛屿、澎湖列岛给日本。6月2日，清政府的割台大臣李经方，在停泊于基隆口外的日舰"西京丸"号上，与日本的第一任台北总督桦山资纪，办理了割让台湾和澎湖列岛的手续。两天后，日军进占基隆。台湾人民在刘永福的率领下，进行了100多天的浴血反抗，10月21日，台南陷落，日军占领了台湾全境。从此，台湾被日军霸占长达半个世纪。1943年11月22日至26日，中、美、英三国在埃及首都开罗举行会议，会后签署了《开罗宣言》。宣言中

规定，战后要把日本侵占的中国领土归还中国。1945年8月15日，日本宣布无条件投降。国民政府决定由陈仪任台湾省行政长官兼警备司令，主持接受日军第10方面军16.9万人的投降。10月2日，台湾省行政长官公署及警备司令部前进指挥所在台湾成立，处理日军集中和分散事宜。10月17日和22日，中国陆军第70军和第12军分别在基隆和高雄登陆。10月25日，中国战区台湾省受降仪式在台北市公会堂（后改为中山堂）举行。日本原台湾总督兼第10方面军司令官安藤利吉大将向台湾受降主官陈仪递呈降书，陈仪发表广播演说，宣布台湾及澎湖列岛正式重入中国版图。至此，台湾回到祖国的怀抱，而10月25日被定为台湾光复节。邮票画面描绘了台湾各界人民热烈庆祝台湾回归祖国的动人场面。

图8-8【伟大胜利】随着世界反法西斯战场的节节胜利，中国的抗日战争也从战略上逐步转入了全面进攻阶段。1945年7月26日，美、英、中三国发表《波茨坦公告》，敦促日本无条件投降。8月6日和9日，美国在日本广岛、长崎投掷了原子弹，动摇了日本的信心。8月8日，苏联对日宣战，并出兵我国东北，全歼了盘踞在中国东北作恶多端的关东军，缩短了对日战争的时间。8月9日，毛泽东发表了《对日寇的最后一战》的声明，中国抗日战争随即实施了全面反攻。在美、英盟军及苏联军队的共同打击下，日军迅速土崩瓦解。8月14日，天皇裕仁召开最高战争指导会议和内阁联席会议，正式决定接受《波茨坦公告》，并照会美、苏、英、中4国政府。8月15日，天皇以广播《终战诏书》的形式，宣布无条件投降。9月2日，在东京湾美舰"密苏里"号上，举行日本正式投降的签字仪式。9月9日，日本驻中国派遣军总司令冈村宁次在南京向中国政府代表何应钦签署了投降书，在华日军128万人放下武器，向中国投降。这是近代100多年来，中国人民反对帝国主义侵略第一次取得完全胜利的民族解放战争，其光辉业绩，将永载史册。邮票画面描绘了日军狼狈投降，正义战胜邪恶的历史性场面。

中国工农红军长征胜利六十周年 (J)

发行日期：1996.10.22

（1996-29）

2-1 红军过草地　　20分　3624.2万枚

2-2 三军大会师　　50分　2061.8万枚

邮票规格：50 mm × 30 mm

齿孔度数：12.5度

整张枚数：42枚

版　别：胶版

设计者：阎炳武、陈晓聪

印刷厂：北京邮票厂

全套面值：0.70元

长征是中国土地革命战争时期，红军主力从长江南北各苏区向陕甘苏区进行的战略转移。

1934年10月10日晚，中央红军（即红一方面军）主力五个军团共8.6万人，从江西瑞金、古城等地出发，开始长征。在北上途中，于1935年9月17日拂晓，一举夺取了天险腊子口，18日占领哈达铺，胜利进入甘南，接着翻越六盘山，于10月19日到达陕甘苏区吴起镇，与刘志丹领导的陕北红军胜利会师。至此，中央红军历时一年、纵横11个省、行程2.5万里的长征宣告结束。

1935年5月初，红四方面军和地方武装及苏区机关人员8万余人，离开川陕根据地开始长征。6月18日，曾在四川懋功地区与红一方面军会师，总兵力达10万人。

但张国焘拒不执行中共中央继续北上的方针，擅率红军南下，企图在川康边少数民族聚居地建立苏区。结果于11月间在百丈地区同川军激战七昼夜，红军被迫向西转移。1936年4月进入道孚、甘孜地区，至此，红军锐减一半，仅剩4万多人。

1935年11月，红军二、六军团共1.7万人，由湖南桑植地区出发，退出湘鄂川黔苏区，开始长征，于1936年6月到达甘孜，与红四方面军会合。

会合后，红军二、六军团和红32军，组成红二方面军，在中共中央领导下，经过同张国焘分裂主义错误的斗争，红二、四方面军于1936年7月初，从甘孜、炉霍、绥靖出发，共同北上，通过茫茫数百里草地，于9月进入甘南。这时，中央红军主力由宁夏的豫旺堡附近地区南下，接应红二、四方面军北进。

1936年10月9日，红四方面军与中央红军（红一方面军）于甘肃会宁胜利会师。红二方面军经天水地区向会宁地区进发，10月22日，在甘肃静宁以北的将台堡，中央红军与红二方面军会师。至此，红军三大主力全部会师，宣告了中国工农红军长征胜利结束。

这套纪念邮票画面取材于一组群雕和一幅油画，场面宏大，气势非凡，充分表达了"不怕任何艰难险阻，不惜付出一切牺牲"的长征精神。

图2-1【红军过草地】邮票画面依据现存于中国革命军事博物馆的由四川美术学院创作的一幅群雕进行设计。画面上，泥泞的沼泽、杂生的水草，处处都布下了"陷阱"，时时都充满着"杀机"。但跋涉其上的红军战士，却如滚滚铁流，依然奔腾向前、势不可当，战士们手挽手、肩并肩，你拉我推、你搀我扶，与天斗、与地斗，前赴后继、自强不息。尽管条件艰苦，气候恶劣，英雄的战士却那样刚强、坚毅，他们手拄的拐杖、紧握的双拳、蹬直的后腿，无不迸发着惊人的力量；而指挥员那高昂的头，挺直的胸，则体现了红军战士的百折不挠、顽强不屈。至于队伍前面战士那高扬的左手，前伸的食指，更给艰难中的人们带来了希望，带来了光明。

图2-2【三军大会师】邮票画面依据浙江美术学院油画系蔡亮教授和他的妻子张同凝教授共同创作的一幅油画进行设计。

画面上，正是一幅"城上城下，风展红旗如画"的"三军开颜"图。扎着白羊肚手巾的老乡，九死一生的战士，摇旗、呐喊、欢呼、雀跃、招手、奔跑、欢笑、拥抱，热血奔涌在胸膛，泪水流淌在脸上，无数的牺牲，无尽的流血，说不完的苦难，道不完的痛苦，此时此刻，都已化作无限的兴奋、欢欣、幸福、愉快。

中国人民解放军建军
七十周年 (J)

发行日期：1997.8.1

5-1

5-2

5-3

5-4

5-5

(1997-12)

认识邮票中的军事故事

5-1 陆军	50分	3001.75万枚
5-2 海军	50分	3167.75万枚
5-3 空军	50分	3003.75万枚
5-4 战略导弹部队	50分	3001.75万枚
5-5 陆海空联合演习	200分	2521.75万枚

邮票规格：50 mm × 30 mm

齿孔度数：12度

整张枚数：40枚

版　别：胶版

设计者：季宏敏、姚斌、骆根兴、李翔

印刷厂：辽宁省沈阳邮电印刷厂

全套面值：4.00元

知识百花园

　　1927年，八一南昌起义，是中国共产党独立领导武装斗争的开始，是人民革命武装力量向国民党反动派打响的第一枪，它开创了建立人民军队的新纪元。1933年7月11日，中华苏维埃共和国临时中央政府做出决议，为纪念这一天，定8月1日为建军节。至今80多年来，中国人民解放军从小到大，从弱到强，历尽艰难曲折，战胜了国内外的强大敌人，为中国人民的解放事业立下了不朽功勋。

　　党的十一届三中全会以后，特别是党的十四大以来，在邓小平新时期军事思想的指引下，军队的革命化、现代化、正规化建设不断迈出新的步伐。努力实现"政治合格、军事过硬、作风优良、纪律严明、保障有力"，军队始终保持着老红军的优良传统，军事素质和现代作战能力明显提高，国防科研取得了重大成果，武器装备的现代化程度有了很大改进，现代条件下的后勤保障能力不断增强，出色地完成了各项任务，经受住了各种困难和风险的考验，在维护祖国统一，安全和稳定，支援国家经济建设和建设社会主义精神文明等各方面，做出了积极贡献。

　　纪念邮票画面以军种和主战兵器为主图，反映了中国人民解放军80多年来发展壮大及现代化的辉煌历程。

图5-1【陆军】陆军现在仍然是我军的主要兵种,但以步兵为主的时代已经结束。陆军中特种兵的数量超过了步兵,其中炮兵成为陆军的第一大兵种,有地面炮兵、高射炮兵和战役战术导弹部队。装甲兵有坦克、自行火炮等部队。通信兵有通信、通信工程、无线电通信干扰和军邮等专业部队。工程兵有工程、舟桥、建筑、伪装、给水工程等部队。此外,还有航空、防空、防化、侦察、电子对抗、汽车、测绘等专业部队。

邮票画面即以我军装备使用的国产85-Ⅲ型主战坦克为主图,背景是从八一南昌起义开始,通过红军爬雪山过草地直到解放军占领南京总统府等照片,告诉人们人民陆军是1927年8月1日南昌起义诞生的,它经过二万五千里长征的考验,受过抗日战争、解放战争的洗礼,为新中国的成立建树了丰功伟绩。

图5-2【海军】1949年4月23日,我军在江苏泰州白马庙成立了华东军区海

中国陆军 中国陆军装备

军,诞生了人民解放军的第一支海军部队。1950年4月14日成立了海军领导机关,萧劲光任司令员兼政委。

现海军主要兵种有:潜艇部队,包括常规动力、核动力的鱼雷潜艇和导弹潜艇部队;水面舰艇部队,包括战斗舰艇部队和勤务舰艇辅助船部队;海军航空兵,包括轰炸机、强击机、反潜机、侦察机、运输机和高炮、雷达、地空导弹等部队;海军岸防兵,包括岸防兵和海岸导弹部队;海军陆战队等。

中国海军新锐战舰

中国海军舰队

邮票画面以当时中国海军新型导弹驱逐舰为主图，这艘舰艇为112号，它曾创下人民海军舰船年度远航时间最长、跨越海域最广、执行任务最多的纪录。时任中央军委主席的江泽民曾两次登舰视察，并为这艘战舰的官兵题词："做驾驭新型战舰的开拓者"。邮票背景以海军从建立到现在的水上作战事件为主线，从渡江作战的木船，到现代化的远洋战舰，真实地记录了我海军的发展历程，反映了我海军保卫祖国万里海疆的能力。

图5-3【空军】1946年我军在东北创办了第一所航空学校，1949年11月1日成立了空军领导机关，刘亚楼任司令员、萧华任政委。现空军主要兵种有：航空兵，包括歼击、轰炸、强击、侦察、运输和其他专业航空兵；此外，还有高射炮兵、地空导弹兵、雷达兵、空降兵等。

邮票画面以当时我国新研制的歼8-Ⅱ型高空高速歼击机为主图，背景为我空军各个时期的飞机，包括空军创建初期的教练机以及各时期有代表性的歼击机、强击机、轰炸机等，展示了我国空军不断现代化的过程。

图5-4【战略导弹部队】1966年10月，我国首次进行了导弹核武器试验；1980年5月，又成功地向南太平洋发射了远程运载火箭。与此同时，我国还研制生产了地空、海防系列多种型号的战术导弹，装备了陆海空军部队，成立了第二炮兵，这是中国人民解放军序列中最年轻的军种，是我军实施积极防御战略方针的核反击部队，也是我军目前最现代化的高技术部队。

中国空军士兵

邮票画面即以二炮装备的新型导弹为主图，背景是建国35周年阅兵式上第一次向世界公开展示的近程、中程、远程和洲际导弹，以及导弹进行试验的场景，表明我军有防御任何高技术外来侵略的能力。

中国空军

图5-5【陆海空联合演习】邮票画面以当时我军85新型水陆两用坦克为主图，背景为我陆、海、空、二炮部队协同作战的场面、机声隆隆，硝烟滚滚，千军万马，奔腾向前，一派现代战争的厮杀气氛。它告诉人们，中国人民解放军为适应世界军事形势的发展，把建设强大的现代化、正规化的革命军队作为部队建设的总目标。加速实现由数量规模型向质量效能型、由人力密集型向科技密集型的转变，以具备现代化战争陆、海、空一体化的诸兵种合成作战的能力。通过三军联合大演习，把我军现代化建设与建军70年来的历程结合起来，反映了我军陆海空及二炮部队从创建以来的历史全景。

中国人民警察（T）

发行日期：1998.2.28

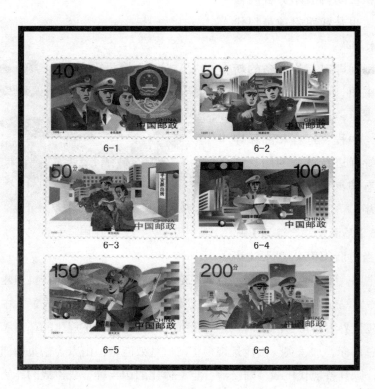

(1998-4)

6-1 金色盾牌　40分　3257.9万枚

6-2 快速出击　50分　4377.9万枚

6-3 警民联防　50分　4377.9万枚

6-4 交通管理　100分　3837.9万枚

6-5 防火灭火　150分　3797.9万枚

6-6 国门卫士　200分　3251.9万枚

邮票规格：50 mm×30 mm

齿孔度数：12度

整张枚数：40枚

版　别：胶版

设计者：阎炳武、罗洪

印刷厂：辽宁省沈阳邮电印刷厂

全套面值：5.90元

知识百花园

1992年7月1日，第七届全国人大常委会第26次会议通过了《中华人民共和国警察警衔条例》。

1995年2月28日，第八届全国人大常委会第12次会议审议通过《中华人民共和国人民警察法》，由国家主席江泽民签署公布施行，这是我国人民警察队伍建设史上的一件大事，是人民警察法制建设的新的里程碑。

新中国成立以来广大人民警察在党中央、国务院和各级党委、政府的领导下，遵循全心全意为人民服务的宗旨，忠实地履行国家宪法、法律所赋予的职责，依靠人民群众的广泛参与和支持，打击敌人、惩治犯罪，克服重重困难，出色地完成了各项工作任务，为巩固人民民主专政的政权，保护国家和人民生命财产的安全，保卫社会主义建设的顺利进行，立下了丰功伟绩。

为此，在《人民警察法》颁布3周年之际，邮电部发行这套《中国人民警察》特种邮票。6幅画面反映了公安机关的性质、任务和主要职能，展示了20世纪90年代人民警察为经济建设服务、为改革开放服务、为社会稳定服务的良好形象。

邮票解析

图6-1【金色盾牌】邮票主图为三位人民警察的形象，背景衬以警徽和红旗，体现人民警察忠于党、忠于人民、忠于法律的政治本色。

图6-2【快速出击】邮票主图为两位奔赴现场的人民警察，背景衬以高楼大厦。反映了公安队伍的快速反应能力及处理警务的迅疾。

图6-3【警民联防】邮票主图为民警与治安积极分子正在共同维护社会治安，体现公安机关以群防群治为主的基本工作方针。

图6-4【交通管理】邮票主图通过交通民警在指挥交通，体现人民警察恪尽职守、无私奉献的精神。

图6-5【防火灭火】邮票主图为消防警察正在灭火的场面，反映出人民警察奋不顾身，抢救人民生命财产的崇高品德。

图6-6【国门卫士】邮票主图形象地展示了人民警察维护国家安全、巩固人民民主政权、保卫四个现代化建设的英雄风貌。

交通民警

解放战争三大战役纪念（J）

发行日期：1998.11.14

5-1

5-2

5-3

5-4

5-5

（1998-24）

5-1 运筹帷幄　　50分　　4199.9万枚

5-2 攻克锦州　　50分　　4173.9万枚

5-3 决战淮海　　50分　　4199.9万枚

5-4 解放北平　　　50分　　　4199.9万枚

5-5 支援前线　　　150分　　　3111.9万枚

邮票规格：50 mm×30 mm

齿孔度数：12度

整张枚数：40枚

版　　别：胶版

设计者：陈晓聪、魏楚予、季宏敏

印刷厂：辽宁省沈阳邮电印刷厂

全套面值：3.50元

知识百花园

　　辽沈、淮海、平津三大战役是中国人民解放战争时期震惊世界的伟大战略决战。解放军在这次决战中，北起松花江、南抵长江，前后经历了142天的连续作战，消灭了国民党军队的基本主力173个师，共154万余人。三大战役规模之大，歼敌之多，不仅在中国战争史上是空前的，就是在世界战争史上也是罕见的。三大战役的胜利，给国民党反动派以毁灭性的打击，使敌人的精锐部队丧失殆尽。蒋介石不得不于1949年1月21日宣布"引退"，转入幕后操纵。东北全境、华北绝大部分和长江下游以北的广大地区获得了解放。从而，加速了解放战争胜利的进程，为解放军渡江南进、解放全中国创造了决定性的条件。三大战役我军伤亡24万人，为中国人民解放事业献出鲜血和生命的同志们将永载史册。

　　值此三大战役50周年之际，国家邮政局发行了这套纪念邮票。以运筹帷幄、攻克锦州、决战淮海、解放北平、支援前线5幅画面回顾光辉历史。

邮票解析

　　图5-1【运筹帷幄】当解放战争进入第三个年头时，中国共产党领导的人民革命力量与国民党反动派的力量对比发生了很大变化，国内形势出现了重大转机。中共中央军委和毛泽东主席审时度势，洞察一切，及时抓住了这一有利时机，于1948

年9月8日至13日，在河北省平山县西柏坡村召开了政治局会议，听取了毛泽东的报告。邮票原画名为《夺取全国胜利———毛泽东和老帅们在一起》。画面为作者根据历史情况虚构的一个场景：在1948至1949年大决战期间，毛泽东、周恩来、刘少奇、朱德、任弼时、叶剑英、彭德怀、陈毅、罗荣桓、刘伯承、贺龙、徐向前、聂荣臻、邓小平同志在一起讨论全国作战形势，表现了中共领导人运筹帷幄、决胜千里的英雄气概。

图5-2【攻克锦州】以毛泽东、周恩来、朱德为领导核心的中央军委，在紧紧抓住战略决战时机的同时，果断选择了决战方向，即首先把矛头指向国民党北线的主干———卫立煌集团。因此，战略决战的第一个大战役，是东北野战军于1948年9月12日开始在辽宁西部和长春、沈阳地区进行的辽沈战役。

辽沈战役分三个阶段进行。第一个阶段是攻克锦州，和平解放长春；第二个阶段是围剿廖耀湘兵团；第三个阶段是攻占沈阳、营口。在这个战役中，东北野战军经过52天的连续作战，歼敌47.2万余人，解放东北全境。这个战役的胜利，加上当时其他战场上的成果，使敌我力量对比发生了根本的变化。敌军的总兵力下降到290万人，由长期的优势转为劣势；我军的总兵力增长到300余万人，由长期的劣势转为优势。邮票原画是任梦璋、张洪赞、李树基、广廷渤等先生为庆祝建军50周年而作。画幅长7.5米，宽2.5米，已入选1977年北京庆祝中国人民解放军建军50周年全国美展，现存哈尔滨烈士纪念馆。画面表现了攻克锦州，突破城墙口的一个瞬间。远景为锦州城门，近景为战斗场面：在炮火轰击后，大批战士从突破的锦州城墙口涌入，表现了解放军的勇猛拼杀，汹涌澎湃的滚滚洪流不可阻挡。

图5-3【决战淮海】战略决战的第二个大战役，是解放军于1948年11月6日至1949年1月10日在以徐州为中心，东起海州，西迄商丘，北自临城，南达淮河的广大地区内进行的淮海战役，历时66天，歼敌55.5万余人。1948年9月13日，朱德在党中央政治局会议上已预言：将来攻城打援的大会战在徐州进行具有最大的可能。果然不出所料，这个以徐州为中心的淮海大战，是战略决战中时间最长、规模最大、歼敌数量最多的一个战役。在这次南线战役中，蒋介石投入7个兵团34个军，这是他孤注一掷所作的决定。聚集在徐州、海州、蚌埠地区的敌方南线主干刘峙、杜聿明集团，连同以后从华中增援的黄维兵团，共达80万人，其中大部分是蒋介石的嫡系精锐。解放军的参战部队有华东、中原两大野战军，以及华北军区所属冀鲁

豫军区，共60万人。在三大战役中，这是我军参战兵力较少于敌人的一次。

邮票原画4米多长，由陈其、赵光涛、陈坚、魏楚予等先生完成于1977年，现存军事博物馆。画面描绘了1948年冬天在徐海平原上所进行的那场战役决战。国民党拼上老本，调动嫡系精锐，拿出美式装备决一死战；我军战士英勇奋战，终使敌人溃不成军，表现了革命战士摧枯拉朽的神威。

图5-4【解放北平】战略决战的最后一个大战役，是东北野战军和华北军区两个兵团1948年11月29日至1949年1月31日在北平、天津、张家口等地区进行的平津战役。战役历时64天，歼灭与改编国民党军52万余人，使华北、东北两大解放区完全连成一片，为解放军向全国进军创造了更巩固、更广阔的战略后方。邮票原画名为《北平解放》，系张汝为、邓家驹、吴长江、沈尧伊先生集体创作。画幅长4米，宽2米，1977年完成。参加了建军50周年全国美展，现藏于天津，后为军事博物馆临摹。画面描绘了北平阅兵式。背景为前门，部队正从前门经过，旁边是前来欢迎和慰问的各阶层人民，气氛热烈，表现了取得伟大胜利的军民的喜悦。

图5-5【支援前线】三大战役中，中国共产党在广大人民群众中进行了广泛的动员和组织工作，调动各方面的力量来支援空前规模的大决战。在辽沈战役中，支援前线的有160万民工，其中随军民工达10万人，车3.6万多辆。在淮海战役中，130个民兵团配合正规军作战；在后方，鲁、苏等五省直接服务于前线的民工达300多万人。广大人民群众主动热情地以肩挑、车推、驴驮、船运等方法，将大量粮食、弹药等物资，源源不断地运到前线。为了保证攻打天津的后勤补给，冀中地区组成4.4万多人的破冰队，每天在大清河破冰数次，以保证水路运输的畅通。据统计，在三大战役中，各地共出动民兵、民工近600万人，运送粮食9.5亿多万斤。这些粮食，相当大的一部分是用43万多辆小车远道推往前线的。当时，解放军的交通运输条件十分落后，但靠人力和原始工具保证了前方大军的给养，如果没有广大人民群众的积极支持是不可能的。目睹了此情此景的外国记者纷纷报道说这是"奇迹"，这是只有人民战争才能创造出来的奇迹。当时任华东野战军司令员的陈毅评价说："淮海战役的胜利，是人民群众用小车推出来的。"邮票原画是20世纪70年代在原济南军区工作的崔开玺先生创作的。原来画幅不足1米，后来画成正式大稿，构图亦有所改变，现藏于山东博物馆。画面描绘了解放大军南下推进时，车轮滚滚，翻身农民支前忙，推着装满物品的小车，挑着担子，跟随部队开往前线，表现了广大人民群众对正义事业的支持和军民的鱼水情深。

中国人民抗日战争暨世界反法西斯战争胜利六十周年 (J)

发行日期：2005.8.15

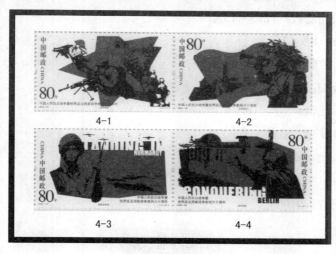

4-1　　　　4-2

4-3　　　　4-4

（2005-16）

（2005-16 小型张）

4-1 全民抗战　　　80分

4-2 中流砥柱　　　80分

4-3 诺曼底登陆　　80分

4-4 攻克柏林　　　80分

小型张　和平与正义　　6.00元

邮票规格：50 mm×30 mm

小型张邮票规格：30 mm×50 mm

齿孔度数：13×12.5度

小型张齿孔度数：12.5×13度

整张枚数：8枚/2套

版　别：胶版

小型张版别：影写版

设计者：武将

小型张设计者：武将

印刷厂：北京邮票厂

全套面值：3.20元

小型张面值：6.00元

知识百花园

中国人民的全面抗战以1937年7月七七卢沟桥事变为开端，到1945年8月15日日本宣布无条件投降止，中国人民进行了8年反抗日本帝国主义侵略的伟大的民族革命战争。中国人民抗日战争是以国共两党合作为基础，有社会各界、各族人民、各民主党派、抗日团体、社会各阶层爱国人士和海外侨胞广泛参加的全民族抗战，是世界反法西斯战争的重要组成部分。世界反法西斯战争（第二次世界大战）是1939年至1945年人类历史上规模空前的战争。1944年6月，美、英等同盟国军队在法国诺曼底登陆；1945年5月2日，苏军攻占柏林；8日，德国投降。8月15日，日本无条件宣布投降，世界反法西斯战争宣告全面胜利。中国人民抗日战争纪念馆位于卢沟桥畔，占地3万多平方米，是全国唯一的全面反映中国人民抗日战争历史的综合性大型纪念馆。